어린이
조선왕조실록 ①

어린이
조선왕조실록 ①

어린이 조선왕조실록 편찬위원회 글 | 전병준 그림
한국역사연구회 추천 및 감수

주니어김영사

《어린이 조선왕조실록》을 읽는 어린이들에게

자랑스러운 민족 문화를 깨닫는 첫걸음

 우리가 조상들의 삶을 알 수 있는 것은 우리에게 남아 있는 유물과 유적을 보고서 가능하지요. 그 중에서도 글로 남아 있는 책은 정말 소중한 역사 유물입니다.

우리나라 역사에 관심을 갖게 되면, 조상들이 훌륭한 민족 문화를 지켜 온 것에 대해 저절로 자랑스러운 마음이 생기고 뿌듯해진답니다. 만일 조상이 잘못한 점을 발견하게 되더라도, 우리는 다시 그런 잘못을 되풀이하지 않도록 조심하면 됩니다.

이러한 점에서 이번에 새롭게 엮은 《어린이 조선왕조실록》은 어린이들이 우리 역사에 관심을 가질 수 있도록 알기 쉽게 꾸몄어요. 《어린이 조선왕조실록》은 조선 27대에 걸친 왕들이 나라를 다스릴 때에 일어났던 일을 중심으로 엮은 거예요.

《어린이 조선왕조실록》을 통해서 조선 시대 사람들이 어떻게 살았고, 무슨 생각을 했는가를 알게 될 거예요. 그것이 바로 우리의 자랑스러운 민족 문화를 깨닫는 첫걸음입니다. 아울러 우리의 역사를 이해하면서 우리의 마음과 눈은 좀 더 넓어지고 깊어질 겁니다.

어린이 조선왕조실록 편찬위원회

인물의 삶으로 읽는 역사의 큰 흐름

우리는 현재를 살고 있으며, 마땅히 현재에 충실한 삶을 가꿔야 합니다. 그런데 현재는 홀로 존재하는 것이 아니라, 과거와 떼려야 뗄 수 없는 밀접한 관계입니다. 따라서 과거, 즉 역사를 알아야 비로소 현재를 온전하게 살아갈 수 있어요. 그런데 역사를 따분하고 어렵게 생각하는 어린이들이 많아서 우리나라 역사에 대해 제대로 알지 못하는 어린이들이 많아요.

이번에 주니어김영사에서 출간한 '처음 읽는 우리 역사' 시리즈는 주요 역사서를 기본 토대로 인물 중심으로 역사를 구성했어요. 인물을 중심으로 한 구성은 인물의 삶에 동화되어 역사의 흐름을 실감나게 느끼도록 해 주지요. 게다가 인물의 삶에 드러난 역사의 흐름을 조목조목 짚어 주어, 어린이들도 쉽게 역사적인 사실을 알 수 있습니다.

어린이들이 이 시리즈를 통해 역사에 더욱 가까이 다가가고, 그로 인해 모든 사람들의 노력이 결실을 맺으리라 믿습니다.

한국역사연구회

어린이 조선왕조실록 1

- 조선왕조실록에 대하여 _8

|제1대| 조선을 세운 태조

활 솜씨가 뛰어나다 _10
동녕부를 정벌하다 _14
위화도에서 군사를 돌리다 _19
우왕과 최영이 몰락하다 _26
〈하여가〉에 〈단심가〉로 답하다 _31
드디어 왕위에 오르다 _38
고려 왕족들을 죽이다 _40
한양으로 도읍을 옮기다 _44

|제2대| 왕위가 불안했던 정종

왕자의 난이 일어나다 _50
정도전, 조선의 기초를 세우다 _56

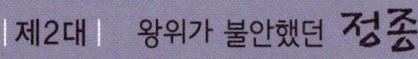
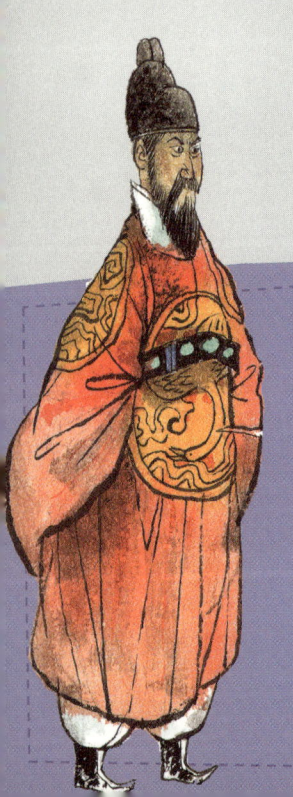

| 제3대 | 나라의 안정을 이룩한 **태종**

함흥차사, 가면 못 돌아온다 _60
양녕 대군을 폐하고 충녕 대군을 세자로 삼다 _70
억울하면 신문고를 쳐라 _74

| 제4대 | 조선을 크게 발전시킨 **세종**

집현전을 세워 열심히 공부하게 하다 _78
장영실을 등용하여 과학을 발전시키다 _82
훈민정음을 만들다 _86
훌륭한 인격과 능력을 갖추다 _91
황희 같은 청렴하고 유능한 신하를 두다 _94

| 제5대 | 몸이 약해 일찍 세상을 떠난 **문종**

문종화차를 개발하다 _104
여러 가지 재능을 지니다 _107

• 역사옹달샘 **조선의 건국**

'조선'이라는 나라 이름의 의미 _112
한양을 수도로 정한 이유 _114
정치의 중심지, 궁궐 _116
조선의 중앙 행정 기구 _118
조선 왕조 계보 _119

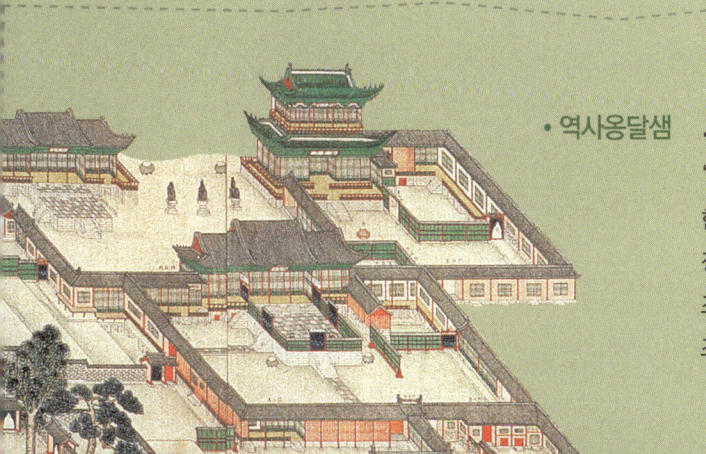

하나, 《조선왕조실록》은 어떤 책인가요?
둘, 《조선왕조실록》은 어떻게 만들어졌나요?
셋, 《조선왕조실록》은 어떻게 보관했나요?
넷, 《조선왕조실록》은 어디에서 보관했나요?
다섯, 지금은 《조선왕조실록》이 어디에 있나요?

하나, 《조선왕조실록》은 어떤 책인가요?

실록은 '한 왕이 왕위에 있던 동안 한 일을 연대순으로 기록한 것'이라는 뜻이에요. 그러니까 《조선왕조실록》은 조선 왕조의 왕을 연대순으로 기록한 것입니다. 이렇게 모아진 《조선왕조실록》은 모두 1893권 888책이나 됩니다. 한문본인 《조선왕조실록》을 한글 번역본으로 바꾸면 1권에 320쪽 정도로 해서 413권이나 된다고 하니 굉장히 많은 분량이지요.

《조선왕조실록》은 조선 태조로부터 철종에 이르기까지 25대 472년간의 역사가 담겨 있어요. 조선 왕조는 조선을 세운 태조부터 마지막 왕인 순종까지 27대 518년(1392~1910)이지요. 그런데 철종의 뒤를 이은 고종과 순종의 실록은 일제 강점기 때 일본인들의 지시를 받으며 편찬한 것이라서 왜곡되거나 거짓이 많기 때문에 일반적으로 《조선왕조실록》이라 할 때에는 고종과 순종의 실록은 포함시키지 않아요.

각 왕별로 쓰인 실록은 《태조실록》, 《세종실록》과 같이 불립니다. 그렇지만 노산군, 연산군, 광해군은 실록이라 하지 않고 '일기'라고 불렀습니다. 다만 《노산군 일기》는 숙종 때 노산군이 단종으로 복

위되었으므로 《단종실록》이라고 고쳐 부르게 되었어요.

《조선왕조실록》은 조선 500년간의 역사가 연월일(年月日)의 순서대로 잘 정리된 책입니다. 뿐만 아니라 조선 시대의 정치, 경제, 사법, 문학, 군사, 산업, 교통, 종교 등 모든 분야에 대해 자세히 기록되어 있어 조선의 역사를 연구하는 데 더없이 소중한 자료이지요. 중국, 일본, 만주 등 주변 국가와의 외교 관계도 잘 정리되어 있어 동양사 연구에도 많은 도움을 줍니다. 따라서 《조선왕조실록》을 통해 우리는 조상들의 생활과 자취 속에 담긴 지혜를 배울 수 있어요.

이 같은 역사적 가치를 지닌 《조선왕조실록》이 어려운 한문으로 기록되어 있어서 사람들이 읽기 어려웠기 때문에 한글로 번역했어요. 한글로 번역하는 데 학자 3000명이 25년이나 걸렸어요. 《조선왕조실록》의 한글 번역본은 1996년에 시디롬으로 만들어져 더욱 쉽게 볼 수 있게 되었지요.

유네스코는 1997년 10월 《조선왕조실록》을 세계 기록 유산으로 지정했습니다. 《조선왕조실록》은 세계에서도 인정받은 소중한 문화 유산이랍니다.

제1대
조선을 세운 태조

이성계는 공양왕에게 옥새를 받았습니다. 이로써 474년의 역사를 지닌 고려 왕실이 막을 내리고 조선이 세워졌습니다.
● 재위 기간(1392~1398)

❧ 활 솜씨가 뛰어나다

 이성계는 1335년에 함경도 영흥에서 이자춘과 최한기의 딸인 최씨 사이에서 둘째 아들로 태어났습니다.

 이성계의 조상은 원래 전라도 전주에서 살았는데, 고조 할아버지 때 고향을 떠났습니다.

 이성계의 고조 할아버지인 이안사는 재산이 많은데다 됨됨이도 훌륭하여 고을 사람들에게 존경을 받았습니다. 그런데 새로 온 벼슬아치가 이안사를 괴롭히자 더 이상 고향에서 살

수가 없었습니다. 이안사는 할 수 없이 전주를 떠났습니다.

이성계는 어릴 때부터 몸집이 큰데다 영리하고 용감하여 동네 아이들과 모여 군사놀이를 하면 언제나 대장이 되었습니다. 또 활 솜씨가 뛰어나서 틈만 나면 들판을 누비며 활로 멧돼지나 사슴을 잡았습니다.

어느 날 이성계가 활 쏘는 연습을 하고 있을 때였습니다. 이자춘의 셋째 부인인 김씨는 이성계가 활 쏘는 모습을 구경하다가 담 모퉁이에 까마귀 다섯 마리가 앉아 있는 것을 보았습니다. 김씨 부인은 이성계가 정말 활을 잘 쏘는지 알고 싶어서 까마귀를 활로 쏘아 보라고 했습니다.

"휙!"

이성계가 화살을 쏘자 담 모퉁이에 앉아 있던 까마귀 다섯 마리가 한 화살에 나란히 꿰어 떨어졌습니다.

"아니, 이럴 수가!"

김씨 부인은 이성계의 활 솜씨가 너무 뛰어난 것에 놀랐습니다. 김씨 부인은 이성계에게 넌지시 말했습니다.

"이 일을 절대로 사람들에게 말하지 마라. 사람들이 알면 너를 경계할 것이다."

이성계는 이 말을 잊지 않았습니다. 그 뒤로 이성계는 활 솜씨를 함부로 자랑하지 않았습니다.

이성계의 아버지 이자춘은 쌍성총관부의 관리였습니다. 쌍성총관부는 당시 중국을 지배했던 원나라가 고려의 동북쪽 땅을 다스리려고 세운 기관입니다. 훗날 이자춘은 고려 군사와 힘을 합쳐 원나라에게서 그 땅을 되찾았습니다.

이자춘이 죽자 이성계는 아버지 뒤를 이어 동북면 병마사(한 지방을 지키는 군대의 우두머리)가 되었습니다.

🌀 동녕부를 정벌하다

 이성계가 태어났을 때 고려는 나라 안팎으로 어려운 상황에 놓여 있었습니다.

 나라 안에서는 권문세가(벼슬이 높고 권세가 있는 집안)들이 원나라의 세력을 등에 업고 나랏일을 마음대로 처리하며 거대한 토지를 차지하고 있었습니다. 땅이 없는 백성들은 농사를 지어도 권문세가들에게 농작물을 거의 빼앗겨 몹시 어렵게 살고 있었습니다.

 나라 밖에서는 고려의 국정을 간섭하던 원나라가 곳곳에서 일어난 폭동으로 혼란에 빠지고, 바다 건너 왜구는 고려의 바닷가 마을을 자주 침범했습니다.

공민왕 10년(1361)에는 홍건적(중국 원나라 말에 일어난 한족의 농민 반란군으로, 머리에 붉은 수건을 쓰고 있어서 홍건적이라

고 불렀음)이 10만 명의 군사를 이끌고 압록강을 건너 쳐들어 왔습니다. 홍건적은 고려 조정에 글을 보내 항복을 요구했습니다.

고려에서는 정세운을 총대장으로 하여 홍건적을 막았습니다. 그러나 홍건적은 고려의 수도 개경까지 밀려왔고, 공민왕은 경상도 안동까지 피난을 갔습니다.

다행히 정세운, 김득배, 안우 등 장수들이 용감하게 잘 싸워 개경을 도로 찾고 홍건적을 북쪽으로 밀어 냈습니다. 이 때 이성계도 2000명의 군사를 이끌고 개경을 다시 찾는 데 공을 세웠습니다.

공민왕은 왕의 자리에 오른 뒤 줄곧 원나라를 멀리하는 정책을 썼습니다. 그러자 원나라는 공민왕을 쫓아 내고 덕흥군(고려 충선왕의 셋째 아들)을 고려의 왕으로 앉히려 했습니다.

공민왕 18년(1369) 12월, 이 사실을 알게 된 공민왕은 분노하여 다음과 같은 명령을 내렸습니다.

"이성계를 동북면 원수로, 지용수와 양백연을 서북면 원수로 임명하니 원나라의 동녕부를 공격하여라."

원나라는 고려의 서북부 지방, 즉 평안도 일대를 차지하고 직할령으로 삼아 동녕부라 했습니다. 동녕부는 훗날 고려에게 쫓겨 압록강 건너 요동 지역으로 가게 되었습니다. 그러나 쫓겨 가서도 자주 고려를 침략해 왔습니다.

이듬해 1월, 이성계는 기병(말을 타고 싸우는 군사) 5000명과 보병(걸어다니며 싸우는 군사) 1만 명을 이끌고 압록강을 건너갔습니다.

원나라 장수 이오로티무르는 이성계가 군사를 이끌고 동녕부를 공격하러 온다는 말을 듣고 큰길을 지키고 있었습니다.

얼마 뒤 이성계가 이끄는 고려군과 원나라 군사들 간에 싸움이 시작되었습니다. 그러나 이성계가 쏜 화살에 원나라 장수들이 하나 둘 죽자 이오로티무르는 300여 명의 장수들을 이끌고 와서 항복을 했습니다. 이오로티무르는 갑옷을 벗고 이성계에게 절하면서 말했습니다.

"우리 선조는 원래 고려 사람이니, 장군의 부하가 되겠습니다."

하지만 항복을 하지 않는 원나라 장수도 있었습니다. 고안위라는 추장은 성문을 닫아걸고 끝까지 버텼습니다.

이성계는 성을 포위하고 직접 성 안의 군사를 향하여 70여 차례나 활을 쏘았습니다.

이성계가 쏜 화살은 신기할 정도로 모두 적군의 얼굴에 맞았습니다. 이 모습을 본 원나라 군사들은 모두 겁을 먹었고 사기가 땅에 떨어졌습니다. 그러자 고안위는 아내와 자식을 버리고 밤에 몰래 성을 빠져 나가 달아났고, 이튿날 20여 명의 장수들이 백성들을 거느리고 나와 이성계에게 항복을 했습니다.

마침내 전쟁이 끝나고 동녕부는 고려의 땅이 되었습니다. 이성계는 전쟁에서 얻은 소 1000여 마리와 말 수백 필을 모두 그 주인에게 돌려주었습니다. 그러자 요동 지역에 사는 북방 사람들은 기뻐하며 앞다투어 고려의 백성이 되었습니다.

이 전쟁으로 이성계는 더욱 유명해졌고, 고려의 북쪽 지방은 평화를 되찾았습니다.

위화도에서 군사를 돌리다

공민왕이 세상을 떠난 뒤, 우왕이 왕의 자리를 물려받았습니다. 우왕 14년(1388)에 명나라는 철령 이북(안변, 함흥 등 함경남도 남부 지역)의 땅이 자신들의 것이라며 그 곳의 백성들을 요동에 소속시키겠다고 주장했습니다.

우왕은 최영과 의논하여 요동을 치려고 계획했습니다. 그 소식을 들은 공산 부원군(왕의 장인이나 정1품 공신에게 주던 직함. 딸이 왕비가 되면 왕비의 아버지는 부원군이 됨) 이자송이 최영의 집으로 찾아가 전쟁을 벌이는 것은 안 된다고 설득했습니다.

"큰 나라를 치다가 잘못하면 나라가 망합니다."

그러자 최영은 이자송에게 다른 핑계를 대어 죄를 묻고 전라도로 귀양을 보냈다가 결국 죽였습니다.

이자송이 죽고 나서 얼마 뒤, 서북면에서 우왕에게 급한 소식이 전해졌습니다.

"요동 군사가 강계에 이르렀습니다. 곧 철령으로 쳐들어올 것입니다."

우왕은 분함을 참지 못해 울면서 말했습니다.

"여러 신하들이 요동을 공격하려던 내 계획을 따르지 않아 일이 이 지경에 이르게 된 것이오."

얼마 뒤 명나라는 사람을 보내어 철령에 자기 나라의 관리를 둔 사실을 알려 왔습니다. 그러자 우왕과 최영은 요동을 치기로 결정했습니다.

우왕은 여러 신하들을 불러 말했습니다.

"요동을 공격하고자 하니 경(왕이 2품 이상의 신하를 부르던 말)들은 힘을 다해 싸우도록 하시오."

이성계가 아뢰었습니다.

"지금 군사를 일으키는 일은 옳지 못합니다. 제가 이렇게 생각하는 네 가지 이유를 말씀드리겠습니다. 첫째, 작은 나라로서 큰 나라를 거역하는 것은 옳지 못합니다. 둘째, 여름철에 군사를 동원하면 농사를 짓지 못합니다. 셋째, 온 나라의 군사를 동원하여 멀리 정벌을 떠나면 왜적이 그 틈을 노려 침략할 것입니다. 넷째, 지금은 장마철이어서 활의 아교(쇠가죽을 진하게 고아 굳힌 것. 옛날에는 아교를 끓여 접착제로 사용했음)가 풀어지고, 많은 군사들이 전염병에 걸릴 것입니다."

우왕이 단호하게 말했습니다.

"이미 군사를 일으켰으니 멈출 수가 없소."

이성계가 다시 아뢰었습니다.

"전하께서 반드시 이번 전쟁에서 이기고자 하신다면 서경(지금의 평양)에 머물렀다가 가을에 군사를 일으키셔야 합니다. 가을에는 곡식을 거두어들여 식량이 넉넉해지므로 군사들이 북을 치면서 행진할 수 있을 것입니다. 지금 군사를 일으키면 요동의 성 하나를 함락시키더라도, 비가 한창 내리는 시기라 군대가 앞으로 빨리 나아갈 수도 없고 뒤로 급히 물러날 수도 없습니다. 군사들이 피곤하고 식량이 부족하면 결과가 나쁠 것입니다. 그러니 지금은 요동을 공격할 시기가 아닙니다."

이성계가 여러 번 간청했지만 우왕은 듣지 않았습니다. 그러자 이성계는 더 이상 반대하지 못하고 물러났습니다.

우왕은 서경에 머물면서 여러 도에서 군사를 모으고 압록강에 다리를 만들었습니다. 승려들도 모아 군대를 만들었습니다. 최영은 팔도 도통사(각 도의 군대를 이끌던 벼슬)를 맡아서, 조민수를 좌군 도통사로, 이성계를 우군 도통사로 삼아 전쟁을 준비했습니다. 요동을 공격할 고려군은 좌군과 우군을 합하여 모두 5만여 명인데, 우왕은 사람을 여기저기 보내 10만 명이라고 소문을 내게 했습니다.

며칠 뒤 군사들이 서경을 출발했습니다. 최영은 우왕 곁에 남았습니다.

고려의 대군이 압록강 하류에 있는 위화도에 이르렀을 때였습니다. 도망치는 군사가 줄을 잇자, 이성계와 조민수는 우왕에게 상소(왕에게 관리나 백성들이 올린 글)를 올렸습니다.

신 등이 뗏목을 타고 압록강은 건넜으나, 큰 비가 내려 압록강 앞의 냇물이 넘치는 바람에 수백 명의 군사가 물에 빠져 죽고 말았습니다. 게다가 물이 깊어 건너지 못하고 진을 치고

있으면서 아까운 식량만 허비하고 있습니다. 앞으로 요동성까지는 큰 내가 많이 있으니 건너기가 더욱 어려울 것입니다. 일전에 이러한 사실을 자세히 아뢰었으나 윤허(왕의 허락)를 받지 못했으니 진실로 황공하고 두렵습니다. 그러나 큰일을 당할 것을 알면서 말하지 않는 것도 전하께 죄를 짓는 것이니 어찌 죽음을 피하고자 입을 다물고 있겠습니까. 군사를 돌리는 것을 허락하여 주십시오.

우왕과 최영은 상소를 보고도 이를 허락하지 않고 도리어 더 빨리 나아가라는 명령을 내렸습니다. 이성계와 조민수가 다시 간청해도 마찬가지였습니다.

드디어 이성계는 큰 결심을 하고 부하 장수와 군사들에게 말했습니다.

"큰 나라를 침범하여 서로 사이가 나빠지면 작은 나라의 백성들이 재앙을 당하게 된다. 왕께 상소를 올려 군사를 돌릴 것을 간청했으나 허락하지 않으셨다. 그래서 나는 왕 곁의 나쁜 자

들을 없애고 백성들을 편안케 하려고 한다."

그러자 모든 장수들과 군사들이 기뻐하며 찬성했습니다.

이성계는 곧 군사를 되돌렸습니다. 마지막 군사들이 간신히 압록강을 건너고 뒤를 돌아보니 장맛비에 물이 불어 위화도가 잠겨 버렸습니다.

위화도가 물 속에 잠긴 것을 본 장수들과 군사들은 매우 놀랐습니다. 만일 한나절만 늦었어도 많은 희생자가 날 뻔한 아찔한 순간이었습니다. 군사들은 모두 이성계가 회군을 결정한 덕분에 살아났다며 고마워했습니다.

무사히 압록강을 건넌 장수들은 한 목소리로 빨리 돌아가자고 했습니다. 그러자 이성계가 말했습니다.

"우리가 급히 돌아간다면 반드시 최영의 군대와 부딪혀 싸우게 될 것이다. 그러면 사람이 많이 죽게 된다. 내가 사람을 살리기 위해 돌아가는 터에 생명을

상하게 하면 되겠는가?"

그러고 나서 이성계는 군사들에게 엄히 명령했습니다.

"너희들은 절대로 백성들을 불안하게 하지 마라. 만일 백성들에게 이유 없이 오이 한 개라도 빼앗으면 그 죄를 물을 것이다."

이성계의 군사들은 사냥을 하면서 천천히 행군을 했으며 백성들을 괴롭히거나 불안하게 하지 않았습니다. 그래서 백성들은 마음 놓고 지낼 수 있었습니다.

우왕과 최영이 몰락하다

이성계가 군사들을 이끌고 돌아온다는 소식을 들은 우왕은 궁궐로 도망쳤습니다. 최영은 이성계와 싸울 준비를 서둘렀지만, 대부분의 군대는 요동 정벌에 나갔기 때문에 군사가 없었습니다. 최영은 우선 후한 상금을 걸고 군사를 모집했습니다.

한편 이성계와 조민수가 이끄는 군대는 수도 개경에 도착했습니다. 며칠 동안 성 밖에 머물러 있던 이성계는 유만수의 군사를 숭인문으로 침입하게 하고, 좌군을 선의문으로 침입하게 했습니다. 하지만 최영은 이 군사들을 모두 물리치고 수레 여러 대로 큰길을 막아 버렸습니다.

이성계는 하루 종일 깊은 생각에 잠겨 있다가 장수들의 권유에 따라 직접 싸우기 위해 말에 올랐습니다. 이에 힘을 얻은 군사들은 수레로 막혀 있는 길을 뚫고 앞으로 나아갔습니다. 그러자 도성 안의 백성들이 술과 마실 것을 가지고 와서 이성계의 군대를 응원했습니다.

이성계의 군대는 황색 깃발을, 조민수의 군대는 검은색 깃발을 앞세우고 최영이 이끄는 군대와 싸웠습니다.

얼마 뒤 조민수의 군대가 최영의 군대에 패배해 검은색 깃발이 사라졌습니다. 하지만 이성계의 군대는 황색 깃발을 앞세우고 남산에 도착했습니다.

최영의 부하인 안소가 날랜 군사들을 거느리고 남산을 지키고 있었지만, 황색 깃발을 보고는 그만 도망가 버렸습니다.

그 때 최영은 우왕과 함께 있었습니다. 이성계는 장수들을 보내 최영을 찾아 내어 끌어오게 했습니다. 우왕은 최영의 손을 잡고 울면서 작별했습니다.

최영이 끌려오자 이성계가 말했습니다.

"이 일은 나의 본심에서 한 것이 아니오. 장군의 고집과 잘못된 선택으로 나라가 편하지 못하고 백성들의 원망이 하늘까지 이르게 되어 한 일이니 그리 아시오. 부디 잘 가시오."

이성계는 최영을 고봉현(지금의 경기도 고양)으로 귀양 보냈습니다. 장수들은 최영을 당장 죽여야 한다고 주장했으나 이성계는 듣지 않았습니다. 그 뒤 최영은 합포(지금의 경상남도 마산), 충주로 유배지를 옮겼습니다. 이성계는 부하들이 계속하여 최영을 죽여야 한다고 하자, 최영을 개경으로 오게 한 뒤 사형에 처했습니다.

최영은 죽기 전에 이렇게 말했습니다.

"내가 나라를 위해 큰일을 하려고 했으나 뜻을 이루지 못하고 죽으니 분하고 억울하다. 나는 오직 나라를 위해 충성을 다했을 뿐이다. 내가 내 욕심을 채우려고 했다면 내 무덤에 풀이 날 것이고, 그렇지 않았다면 풀이 나지 않을 것이다."

과연 최영이 죽은 뒤 그의 무덤에는 영영 풀이 나지 않았다고 합니다.

이성계 일파는 우왕의 아들인 창왕을 새로운 왕으로 세우고, 우왕과 영비(최영 장군의 딸)를 강화도로 보냈습니다. 그리고 조민수는 좌시중, 이성계는 우시중이 되어 권력을 나누어 가졌습니다. 명나라와 사이도 좋아져서 원나라의 풍습을 버리고 명나라를 따랐습니다.

얼마 뒤 강화도에 있던 우왕은 몰래 곽충보에게 사람을 보내 일렀습니다.

"그대가 이성계를 없애고 나를 다시 왕위에 오르게 하면 높은 벼슬을 주겠소."

하지만 곽충보는 이미 이성계의 심복(마음놓고 믿을 수 있는 부하)이 되어 있었습니다. 곽충보는 즉시 이성계에게 이 사실을 알렸습니다.

이성계는 몹시 화를 내며 우왕을 강릉으로 옮겨 가두었습니다. 우왕의 아들인 창왕도 왕의 자리에서 내치고 강화도로 쫓아 냈습니다. 그리고 고려 제20대 왕이었던 신종의 7대 손인 정창군 요를 새로운 왕으로 세웠습니다. 그 사람이 바로 고려의 마지막 왕인 공양왕입니다.

　공양왕은 왕의 자리에 오른 뒤, 이성계가 원하는 대로 우왕과 창왕을 죽였습니다.

〈하여가〉에 〈단심가〉로 답하다

　많은 장수들과 대신들은 이성계를 왕으로 세워야 한다고 공공연히 떠들고 다녔습니다. 그러나 공양왕의 스승인 포은 정몽주는 그런 소문을 듣고 몹시 분개했습니다. 정몽주의 벼슬은 수시중으로 시중인 이성계의 다음이었습니다.

　정몽주는 고려를 위해 목숨을 바치기로 마음먹고 이성계 일파를 제거할 기회를 엿보았습니다. 그러던 중 공양왕 4년(1392) 봄에 이성계가 사냥을 하다가 말에서 떨어져 다치는 바람에 벽란도에 머물게 되었습니다. 정몽주는 이 때를 이용해 이성계를 없애려고 했습니다. 하지만 이성계의 아들인 이방원이 아버지를 급히 개경으로 데려 가자 이 계획이 실패하고 말았습니다.

얼마 뒤 정몽주는 장차 이성계가 왕이 되기 위해 난리를 일으킬 것이라는 소식을 들었습니다. 정몽주는 정세를 살피기 위해 문병을 핑계로 이성계의 집을 방문했습니다.

이방원은 이 기회를 이용해 정몽주를 없애야겠다고 생각했습니다. 하지만 한편으로는 정몽주 같은 훌륭한 인재를 자신들의 편으로 끌어들이고 싶었습니다. 이방원은 정몽주의 마음을 알아보려고 술과 음식을 대접하면서 자신의 마음을 담은 노래 〈하여가〉를 지어 불렀습니다.

> 이런들 어떠하리 저런들 어떠하리
> 만수산 드렁칡이 얽혀진들 어떠하리
> 우리도 이같이 얽혀서 백 년까지 누리리라

정몽주는 이방원이 따라 주는 술을 마시며 노래로 대답했는데, 그 노래가 바로 〈단심가〉입니다.

이 몸이 죽고 죽어 일백 번 고쳐 죽어

백골이 진토되어 넋이라도 있고 없고

임 향한 일편단심이야 가실 줄이 있으랴

이 노래를 들은 이방원은 정몽주를 자기 편으로 돌릴 수 없음을 알았습니다. 이방원은 심복인 장사 조영규를 불러 명령을 내렸습니다.

"우리 이씨가 왕실에 공로가 있는 것은 나라 사람들이 모두 알고 있다. 그런데 정몽주는 우리 이씨를 모함하니, 오늘 정몽주를 없애고자 한다. 만일 실패한다면 저들은 우리를 더욱 나쁘게 말할 것이다. 그러니 오늘 정몽주를 확실히 없애라."

그 때 이화가 말했습니다.

"공(이성계)이 노하실까 두렵습니다."

이방원이 대답했습니다.

"기회는 다시 오지 않는다. 아버님께서 노하시면 내가 마땅히 고개 숙이고 아뢰어 이해를 구하겠다."

정몽주는 이성계의 집을 나선 뒤 친구의 문상을 하고 밤늦게 선지교에 이르렀습니다.

그 때 다리 밑에서 몸집이 큰 사나이 서너 명이 몰려 나와 정몽주가 타고 있던 말의 뒷다리를 쳐서 쓰러뜨리고는 정몽주와 수행원을 죽였습니다. 이 때가 1392년 4월이었습니다.

정몽주가 죽은 뒤 선지교에는 대나무가 자라기 시작했습니다. 그 때부터 사람들은 그 다리를 선지교라는 본래의 이름 대신 선죽교라고 불렀습니다. 또 선죽교 위에는 정몽주가 흘린 피의 흔적 때문인지 아직도 붉은색이 남아 있습니다.

이방원은 이 사실을 이성계에게 알렸습니다. 이성계는 깜짝

놀라며 이방원을 나무랐습니다.

"우리 집안은 충과 효를 중요시한다고 세상에 알려져 있다. 포은은 내 친구이며 나라의 으뜸가는 재상(왕을 도와 관리들을 지휘하고 감독하던 높은 벼슬자리)이다. 그런 사람을 너희들 마음대로 죽이다니, 도대체 이게 무슨 일이냐? 나라의 어진 신하를 죽였으니 이는 불충이요, 아비의 좋은 친구를 죽였으니 이는 불효다. 네 어찌 이런 일을 하여 우리 집안을 어지럽히느냐?"

이방원은 아버지에게 서슴없이 대답했습니다.

"포은 등이 우리 집안을 모함하려고 하는데, 그걸 알면서 어찌 앉아서 기다리고만 있겠습니까? 그래서 죽였는데 이것이 효도면 효도지 어찌 불효가 되겠습니까? 효도를 행하고 나면 충성은 또한 그 속에 들어 있는 것입니다. 아버님, 부디 노여움을 푸시고 뒷수습을 잘 해 주십시오."

이방원은 옆에 있던 강씨 부인에게 말했습니다. 강씨 부인은 이성계의 둘째 부인입니다.

"어머니께서는 어찌 변명해 주시지 않습니까?"

그러자 강씨 부인이 이성계에게 말했습니다.

"당신은 항상 스스로를 대장군이라 생각하시면서 어찌 이런 일에 놀라고 두려워합니까?"

강씨 부인의 말에 이성계는 마지못해 정도전, 조준 등과 함께 궁궐로 가 공양왕에게 아뢰었습니다.

"정몽주가 죄인들과 일을 꾸며 착한 사람을 없애려 하기에 죽였습니다."

그리고 나서 한 걸음 더 나아가 정몽주를 따르는 무리들은 모조리 잡아들여야 한다고 주장했습니다. 힘이 없는 공양왕은 이성계가 청하는 대로 따를 수밖에 없었습니다.

정몽주의 시체는 죄인 취급을 받아 그냥 버려졌습니다. 그런데 송악산의 승려들이 내려와 장사를 지내 주었습니다. 그 뒤 조선 태종 때 정몽주의 무덤을 용인으로 옮기고 직위를 내려주었습니다.

드디어 왕위에 오르다

정몽주가 죽은 뒤, 이성계를 왕으로 만들기 위한 준비가 진행되었습니다. 이성계에 관한 신기한 이야기도 떠돌았습니다. 백성들의 마음도 이성계에게 많이 기울었습니다.

최영이 죽기 전에 이성계는 나라를 세우는 꿈을 연달아 꾸었습니다. 꿈에 신인(神人)이 하늘에서 내려와 금으로 된 자를 주면서 말했습니다.

"시중 경복흥은 청렴하지만 이미 늙었고 도통 최영은 강직하지만 고지식하니 그렇다면 나라를 바로 세울 사람은 공이 아니고 누구이겠소."

또 어떤 사람이 찾아와 지리산 바위에서 얻었다면서 이씨가 돼지를 타고 내려와서 다시 삼한의 땅을 바로잡을 것이라는 내용의 글을 바치기도 했습니다.

공양왕 4년(1392) 7월, 왕위를 이어받는 의식이 이루어졌습니다. 공양왕이 이성계에게 옥새(왕의

도장)를 전달했습니다. 이성계는 몇 번 거절하다가 옥새를 받고 마침내 수창궁 정전에 들어가 왕위에 올랐습니다.

이로써 474년의 역사를 지닌 고려 왕실이 막을 내렸습니다.

고려 왕족들을 죽이다

이성계가 왕이 된 뒤 공양왕은 원주로 보내졌습니다. 그 뒤 간성을 거쳐 다시 삼척으로 옮겨졌습니다. 그리고 어느 날 두 아들과 함께 죽음을 당했습니다. 우왕과 창왕을 죽이도록 명령을 내렸던 공양왕은 이번에는 자신을 왕으로 세웠던 이성계의 명령으로 죽음을 당한 것입니다. 공양왕이란 '왕위를 공손하게 양보한 왕'이란 뜻으로 붙인 이름입니다.

고려의 마지막 왕인 공양왕이 죽은 다음에 정도전 등 이성계와 가까운 권력자들은 남아 있는 고려 왕족을 모두 죽이기로 했습니다. 고려 왕족이 남아 있으면 왕위를 되찾으려 할 것이라고 생각했기 때문입니다.

왕씨들을 위해 새로 섬 하나를 마련했다. 왕씨들은 그 섬을 고향으로 삼아 편안히 살라. 왕씨들은 모두 강화 해안으로 모여라. 정해진 날에 모이지 않는 자는 발각되면 벌을 받으리라.

온 나라 안에 이런 글이 붙자 불안에 떨던 왕씨들은 조금 안심을 했습니다.
"죽이지는 않을 모양이다."
"몇 년 귀양살이를 하다 보면 살려 준단다."
고려 왕족들은 희망을 안고 정해진 날 강화 해안에 모여들었습니다. 군사들은 그 사람들을 수십 척의 배에 태웠습니다.
배가 출발한 지 얼마 지나지 않아서 배 밑바닥에서 물이 새기 시작했습니다. 이성계의 측근들이 고려 왕족들을 없애려고 일부러 배 밑바닥을 망가뜨려 놓은 것입니다.
하나 둘 배가 가라앉기 시작했습니다. 결국 배는 한 척도 남지 않고 모두 가라앉고 왕씨들은 물 속에 빠져 허우적대다 죽어 갔습니다.

정도전 등은 군사를 풀어 미처 강화에 오지 못한 왕씨들을 찾아 내어 모두 목을 베었습니다.

그러던 어느 날 밤, 태조 이성계의 꿈에 고려의 태조 왕건이 나타났습니다.

"네가 내 후손을 모조리 없애려 하니 내 반드시 보복하리라."

꿈에서 깬 태조는 크게 두려워하며 아들 방번의 장인인 왕우를 죽이지 못하게 했습니다. 그리고 왕우에게 고려 왕씨들의 제사를 받들게 했습니다.

또 태조는 더 이상 왕씨들을 찾아 죽이지 말고, 해안에 오지 않았던 왕씨

들은 왕씨 대신 어머니의 성을 쓰게 하라는 명령을 내렸습니다. 그 뒤 살아남은 왕씨들은 전씨, 옥씨, 용씨 등으로 성을 바꾸어 목숨을 이어 갔습니다.

⚜ 한양으로 도읍을 옮기다

태조 이성계는 왕이 되기 얼마 전에 꿈을 꾸었습니다. 키가 엄청나게 크고 눈이 퀭하며 입이 귀 뒤까지 찢어져 몹시 흉측하게 생긴 사람이 웃옷을 벗고 머리를 풀어헤친 채 헐레벌떡 달려와 태조를 보더니 공손하게 절을 하고 말했습니다.

"나는 송악산 신령입니다. 그런데 삼각산 신령이 나의 세력을 빼앗으려 해 싸우다 쫓겨 오는 길입니다. 어이구, 목말라! 나리, 물이나 좀 먹읍시다."

그러더니 송악산 신령은 개경을 끼고 흐르는 강물을 마셨습니다. 그러자 강물이 순식간에 줄어들어 바닥을 드러내었습니다.

태조가 그 꿈을 꾼 뒤부터 개경의 강물이 줄어들더니 얼마 안 가 말라 버렸습니다.

태조는 왕위에 오른 뒤 새 왕조의 탄생과 함께 인심을 새롭게 하기 위해 새 도읍지를 잡으라고 명령했습니다.

새 도읍지는 계룡산으로 정해졌습니다. 태조가 새 도읍지를 보러 가는 도중에 계룡산 일대에 도적이 있다는 보고가 올라왔습니다. 태조는 대신들이 도읍지를 옮기고 싶지 않아 거짓으로 올린 보고라고 생각했습니다.

태조는 대신들을 모아 놓고 말했습니다.

"도읍을 옮기는 일은 경들도 하고 싶지 않을 것이오. 그러나 예로부터 왕조가 바뀌면 하늘의 명을 받은 군주는 반드시 도읍을 옮겼소. 지금 내가 계룡산을 급히 보고자 하는 것은 내가 직접 새 도읍을 정하고자 하기 때문이오. 내 뒤를 이을 왕이 비록 내 뜻에 따라 도읍을 옮기고자 하여도 대신들이 옳지 않다고 막는다면 어찌 할 수 있겠소?"

그러자 도적의 무리가 나온다는 것은 부풀려진 보고라는 사실이 곧 확인되었습니다. 태조는 대신들을 설득하여 서둘러 계룡산으로 갔습니다.

'음, 주변이 막혀 있고 너무 좁은 듯하구나.'

태조는 계룡산이 도읍지로서 적당하지 않다고 생각했습니다. 때마침 경기 관찰사 하륜이 상소를 올렸습니다.

"도읍은 마땅히 나라의 중앙에 있어야 될 것입니다. 그런데 계룡산은 남쪽에 치우쳐 있고 중앙에서 멀리 떨어져 있습니다. 풍수(집터나 묘의 방향과 위치, 지형 등의 좋고 나쁨이 인간 생활의 행복과 깊은 관계를 맺고 있다는 이론)로 보아도 계룡산은 도읍지로는 좋지 못합니다."

태조는 개경으로 돌아와 계룡산에 새 도읍을 만드는 일을 그

만두게 했습니다. 그리고 정도전 등 신하들에게 다른 곳을 찾아보도록 명령을 내렸습니다.

  다음으로 경기에 터를 잡고 도성을 쌓기 시작했습니다. 그런데 땅을 파다가 '왕십리(십 리를 더 가라)'라고 새겨진 돌이 나왔습니다. 이것은 신라의 유명한 승려였던 도선이 몇백 년 후에 그 곳을 도읍지로 정할 것을 알고 미리 돌에 글을 새겨 묻

어 둔 것이라고 전해집니다.

  정도전은 다시 장소를 옮겨 한양 땅에 도성을 쌓기 시작했습니다. 정도전은 종묘(조선 시대에 역대 왕과 왕비의 위패를 모시던 왕실의 사당)와 사직(백성들이 복을 받도록 나라에서 제사를

지내던 신), 궁궐의 터와 시장이 들어설 자리를 정했습니다. 또 경복궁 등 각종 궁궐의 설계까지도 맡아서 했습니다.

새 도성을 만드는 일은 5년 만에 끝났습니다.

새 도읍이 완성되자 조선의 조정은 한양으로 옮겨 왔습니다. 그리고 모든 제도를 개혁하고 나라의 기초를 다졌습니다.

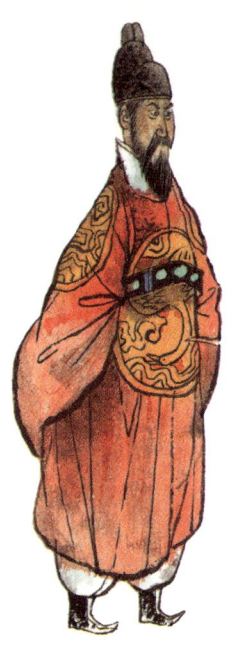

제2대
왕위가 불안했던 정종

정종은 방원에게 왕위를 물려주었습니다. 그 동안 정종은 형제들, 특히 방원 때문에 마음이 편할 날이 없었습니다.
● 재위 기간(1398~1400)

왕자의 난이 일어나다

　태조의 다섯째 아들인 방원은 아버지가 왕위에 오르는 데 커다란 공헌을 한 자신이 세자가 되어야 한다고 생각했습니다. 방원은 공로뿐만이 아니라 개인적인 능력으로 보아도 자신이 세자가 되는 것이 당연하다고 생각했습니다.

　하지만 태조는 둘째 부인인 신덕 왕후를 사랑해서 신덕 왕후가 낳은 방석을 세자로 책봉(세자나 세손, 왕비, 세자빈, 공신 등을 정해진 예식을 통해 세우는 일)했습니다. 정도전 등 태조의 측근들도 방석을 세자로 밀었습니다.

 방석이 세자가 되자 방원은 기가 막히고 분했습니다. 아버지의 뜻이지만 받아들일 수가 없었습니다.

 태조 5년(1395) 8월에 신덕 왕후가 세상을 떠났습니다. 신덕 왕후의 죽음을 슬퍼하던 태조는 그만 병이 나고 말았습니다.

 세자 책봉 이후 방원은 방석이 세자로 책봉될 수 있도록 도와 준 정도전 등에게 원한을 품고 있었습니다. 정도전과 그를 따르는 사람들은 방원과 그의 심복들을 경계했습니다.

 "정안 대군(방원을 말함. 대군은 왕후가 낳은 아들에게 붙이는 칭호임)이 가만히 있지 않을 것입니다. 무슨 일을 꾸밀 게 분명합니다."

 그 말을 들은 정도전은 조용히 말했습니다.

 "그 쪽이 치기 전에 우리 쪽에서 먼저 무슨 수를 써야 한다."

 어느 날 저녁, 방원을 지지하는 사람들이 방원의 집으로 모여들었습니다. 방원은 이숙번, 조영무 등에게 명령을 내렸습니다.

"대궐에 들어가 세자를 잡아들이고 정도전, 남은, 심효생 등 세자를 지지하는 자들의 목을 모조리 베어라."

대궐에는 전쟁이 난 것처럼 온통 무기를 든 장정들이 뛰어다녔습니다. 여기저기서 비명 소리가 나고 피가 튀었습니다. 그러는 중에 세자 방석과 형 방번이 죽음을 당했습니다. 정도전과 남은, 심효생 등도 모두 처형되었습니다. 이 사건을 '제1차 왕자의 난'이라고 합니다.

방원은 이 사건의 책임을 도리어 세자와 정도전의 무리들에게 돌려 태조에게 아뢰었습니다. 방원의 이야기를 들은 태조는 너무도 놀라

말문이 막혔습니다.

"뭐, 뭐라고? 세자와 방번이 죽어? 정도전도 죽었다고?"

태조는 정도전 등 아끼던 신하들의 죽음도 참을 수 없었지만 방석, 방번의 죽음은 받아들이기 어려웠습니다. 사랑하는 왕비를 잃은 뒤에 그리움이 깊어 병까지 얻은 태조였습니다. 그래도 왕비가 낳은 두 아들이 있기에 견딜 수 있었습니다.

태조는 화가 치밀어 방원을 나무랐습니다.

"너는 왕이 될 생각만 할 뿐 하늘의 뜻도 사람으로서 가져야 할 도리도 모르는 놈이구나! 네가 아무리 왕이 되고 싶다 해도 나는 이 자리를 네놈에게는 결코 넘겨 주지 않을 것이다."

태조는 며칠 동안 고민한 끝에 둘째 아들 방과에게 왕위를 물려주었습니다. 그 뒤 태조는 옥새를 가지고 이지란과 몇몇 아끼던 신하와 시종을 거느리고 함흥에 지어 놓은 별궁으로 떠나 버렸습니다.

태조 7년(1398) 9월, 조선 제2대 왕 정종이 왕위에 올랐습니다. 정종은 왕위에 오르자 태조를 높이어 상왕(왕위에서 물러난 살아 있는 왕)이라 부르게 했습니다.

정종은 태조를 모시고 한양을 떠나 도읍을 다시 개경으로 옮겼습니다. 정종이 도읍을 개경으로 옮긴 지 1년 만에 다시 왕자의 난이 일어났습니다.

방간은 태조의 넷째 왕자로서 방원과 같이 신의 왕후가 낳은 아들입니다. 방간 또한 방원처럼 왕이 되고 싶은 야심이 있었습니다. 그러나 자신이 아우 방원에게는 못 미친다고 생각하여 야심을 감추고 있었습니다.

어느 날 지중추 벼슬을 하고 있는 박포가 방간을 찾아와 거짓말로 충동질했습니다.

"방원이 장차 대군(방간)을 없애려 하오니 먼저 손을 써 방원을 제거하십시오."

박포는 제1차 왕자의 난 때 방원을 도와 큰 공을 세웠습니다. 그러나 높은 벼슬을 받지 못하자 이에 불만을 품고 방간을 찾아온 것입니다. 방간은 박포의 말을 듣고 자기가 거느리고 있던 군사로 방원을 치려 했습니다.

그 소식은 첩자들에 의해 금세 방원에게 전해졌습니다.

"뭐라고? 방간 형님이 군사를 일으켜 나를 치려 한다고?"

방원은 자신이 난을 일으킨 지 2년밖에 지나지 않았는데 또다시 이런 일이 생기자 무척 당황했습니다. 하지만 이번에 형을 이기지 못하면 왕의 자리를 결코 차지하지 못할 것이라고 생각했습니다.

방원은 심복들을 향해 말했습니다.

"박포란 놈이 우리 형제를 이간질하여 형님이 군사를 일으키셨다. 이대로 앉아 있으면 우리는 모두 죽는다. 모두 무기를 들어라. 그리고 우리를 없애려는 놈들을 무릎 꿇게 하라."

방간이 거느린 군사들이 더 많았지만 방원의 군사들이 싸움에 더 익숙했습니다. 싸움은 단번에 방원의 승리로 끝이 났습니다.

방간은 황해도 토산으로 귀양을 가고 박포는 처형을 당했습니다. 제2차 왕자의 난은 이렇게 막을 내렸습니다.

정종 2년(1400) 11월, 정종은 방원을 세제(왕의 동생으로서 왕위를 물려받게 된 사람)에 임명했습니다. 그 동안 정종은 형제들, 특히 방원 때문에 마음이 편할 날이 없었습니다. 한 달 뒤 정종은 왕위를 방원에게 물려주었습니다.

정도전, 조선의 기초를 세우다

정도전이 없었더라면 과연 조선이라는 나라가 탄생할 수 있었을까요? 아마도 그렇지 않다는 말이 맞을 것입니다. 그만큼 정도전은 조선을 세우는 데 큰 역할을 했습니다.

정도전이 태조 이성계의 측근이 된 것은 위화도 회군이 일어나기 5년 전이었습니다. 여진족과 왜구의 침략을 물리쳐 이름을 떨치던 이성계를 찾아간 정도전은, 진지와 군사를 둘러보고 이성계의 마음을 읽었습니다. 정도전 역시 부패한 고려를 쓰러뜨리고 새로운 나라를 세우려는 꿈을 가지고 있었던 것입니다.

정도전은 친원파(원나라와 가까운 사람들)가 권력을 잡고 있던 고려 말, 원나라를 멀리하고 명나라를 가까이해야 한다고 주장하다가 귀양을 간 적이 있었습니다. 이 또한 이성계와 뜻이 같았습니다. 정도전은 유배지에서 백성들의 삶을 생생하게 체험했습니다.

유배지에서 돌아온 정도전은 한양으로 올라와 삼각산 밑에 자신의 호를 따 삼봉재라는 정자를 짓고 자신의 학문과 사상을 제자들에게 가르쳤습니다. 그러나 얼마 뒤에 권문세가였던 땅 주인이 삼봉재를 헐고 정도전을 쫓아 냈습니다.

그 뒤 정도전은 김포와 부평 등지로 떠돌아다니는 생활을 했습니다. 그렇게 떠도는 생활 속에서 정도전 사상의 꽃이 피었던 것입니다.

이성계가 조선을 세우자 정도전은 이성계를 도와 건국을 한 공으로 일등 공신이 되었습니다. 정도전은 머리가 아주 뛰어난 사람으로, 태조의 믿음과 사랑을 받았습니다. 이러한 정도전의 말 한 마디 한 마디는 그대로 나라의 기초를 다지는 데 소중하게 쓰였습니다.

　태조는 정도전에게 한양의 설계와 그 밖의 중요한 역할을 모두 맡겼습니다. 정도전은 종묘와 사직, 궁궐의 터와 궁궐의 설계까지도 모두 책임지고 맡아서 했습니다. 경복궁, 창덕궁과 같은 궁궐의 이름과 근정전, 사정전 등 전각의 이름도 모두 정도전이 지었습니다.

　정도전은 조선의 행정, 군사, 외교, 교육에 이르기까지 나라의 전반적인 일을 정비해 나갔습니다. 조준 등과 함께《고려사》37권도 편찬했습니다.

정도전은 군사 훈련도 직접 실시했는데, 훈련에 사용했던 《진법》은 우리나라에서 가장 오래된 병법서입니다.

정도전은 사병을 없애고 나라의 군대를 크게 키우려고 했습니다. 태조 7년(1398)에는 진법 훈련에 참가하지 않은 절제사와 장수들에게 곤장을 치기도 했습니다. 이 모든 일은 태조의 두터운 신임 아래에서 행해진 것입니다.

정도전이 사병을 없애려 하자 종친들은 군사적 기반을 빼앗길까 봐 반발했습니다. 정도전은 종친들을 달래려고 요동 정벌을 이유로 내세웠습니다. 하지만 그러한 이유로 종친들을 설득할 수 없었습니다. 결국 그 사건이 일어난 지 17일 뒤, 방원은 눈엣가시인 정도전을 종친들의 은근한 도움을 받으며 해치웠던 것입니다.

정도전은 억센 방원보다 어린 방석을 왕으로 세워 자신의 포부를 마음껏 펼치고자 했을 것입니다. 그러나 정도전은 결국 태조의 아들 방원과의 권력 다툼에서 지고 말았습니다.

제3대
나라의 안정을 이룩한 태종

두 차례나 왕자의 난을 겪으면서 왕위에 오른 태종은 강력한 정책으로 나라의 안정을 이룩했습니다. 이는 나라 발전의 기틀이 되었습니다.
● 재위 기간(1400~1418)

❧ 함흥차사, 가면 못 돌아온다

 이방원은 조선의 제3대 왕이 되었습니다. 그러나 태종은 옥새가 없는 불완전한 왕이었습니다.

 사랑하는 신덕 왕후의 죽음과 잇달아 터진 왕자들의 죽음으로 마음을 다친 태조가 궁궐을 떠나 고향인 함흥으로 가면서 옥새를 내주지 않고 가져갔기 때문입니다. 태조는 함흥에 자리를 잡고 궁궐로 돌아오지 않았습니다.

 태종은 태조를 한양으로 모셔 오려고 노력했습니다.

하지만 태조는 태종의 명령을 받고 자신을 한양으로 데려가기 위해 온 사람들을 모두 죽였습니다. 함흥에 간 차사(중요한 임무를 맡겨 파견하던 신하)는 살아서 돌아올 수 없었습니다. 그래서 훗날 어디 가서 돌아오지 않는 사람을 함흥차사라고 부르게 되었습니다.

태종은 태조의 옛 친구인 성석린에게 도움을 청했습니다.

"태상왕(태조)께서 본래 경을 중하게 여기시니 경의 말은 반드시 따르실 것이오. 문안을 드리고 은근한 말로 잘 아뢰어 돌아오시게 하오."

태조는 자신을 찾아온 성석린을 보자 옛 정이 떠올라 반갑게 맞이했습니다.

"일찍이 인사하러 오는 이들을 보아도 기쁘지 않았는데, 오늘 이렇게 경을 만나니 반갑고 기쁘기 그지없구려."

두 사람은 별궁으로 들어가 밤이 깊도록 그 동안 나누지 못한 이야기를 주고받았습니다. 성석린은 계속 기회를 보고 있다가 태조가 기분이 몹시 좋아졌을 때 말했습니다.

"전하, 부모와 자식 간의 정은 끊으려고 하여도 끊을 수 없는 법입니다. 그러니 한양으로 돌아오심이……."

성석린이 말을 끝맺기도 전에 태조가 화를 내며 벌떡 일어났습니다.

"자네는 왕의 명령으로 나를 한양으로 데려가려고 찾아온 것이군!"

태조는 칼을 빼어 들고 소리쳤습니다.

"내 옛 친구의 정을 생각해 그대를 반갑게 맞았거늘……. 그대는 바른대로 말하지 않으면 돌아갈 수 없으리라."

성석린은 겁이 나서 말을 꾸며 대었습니다.

"아니옵니다. 소신(신하가 왕에게 '자기'를 낮추어서 쓰는 말)은 전하께 그저 문안을 드리러 온 것일 뿐입니다. 신이 왕의 명령을 받고도 아니라고 거짓을 고했다면 신의 자손 중에 눈이 먼 자가 나올 것입니다."

이 말을 들은 태조는 화를 거두며 말했습니다.

"그대가 그렇게 맹세하니 지난날의 정을 생각해 이번만은 용서하겠소. 그러나 내 앞에서 다시 그런 말을 꺼냈다가는 목숨을 건지기 어려울 것이오."

그러나 태조는 생각 끝에 한양으로 돌아왔지만, 곧 다시 함흥으로 돌아갔습니다. 그러나 태종은 또다시 차사로 갈 사람을 찾았습니다.

그러던 어느 날이었습니다. 박순이 함흥으로 가겠다고 나섰습니다. 박순은 태조가 가장 아끼던 신하였습니다.

　태종이 어렵게 허락을 하자 박순은 한 가지 꾀를 내었습니다. 박순은 아직 젖을 떼지 않은 망아지와 어미말을 끌고 함흥으로 갔습니다.

　박순은 태조가 머무르는 궁궐에 도착하자 망아지는 궁궐 밖에 매어둔 채 어미말만 타고 궁궐 안으로 들어갔습니다.

　태조는 박순을 매우 반기며 이야기를 나누었습니다.

　그 때였습니다. 궁궐 안의 마구간에서 말 울음소리가 요란스럽게 났습니다. 그러자 그 소리에 대답하듯이 궁궐 밖에서도 연달아 망아지가 울어 댔습니다.

　태조는 시종을 불러 무슨 일인지 물었습니다.

"박 대감께서 타고 오신 말이 울어 대자,
궁궐 밖에 있는 망아지가 어미에게 대답하는
소리인 것 같습니다."

시종의 말에 태조는 갑자기 화를 내며 박순을 향하여 소리쳤습니다.

"네 이놈, 너도 이유 없이 나를 만나러 온 게 아니로구나! 지금 잔꾀를 부리는 게냐? 네 입으로 말을 하면 죽을 수 있으니 말의 입을 빌린 것이지?"

박순이 태조 앞에 꿇어 엎드렸습니다.

"전하, 말 같은 미물(작고 보잘것없는 동물이나 물건을 가리키는 말)도 저러하거늘 하물며 사람으로 어찌 천륜을 저버릴 수 있겠나이까."

박순의 간곡한 말에 태조의 마음이 조금 움직였습니다.

"천륜이란 쉽게 끊을 수 없는 것이로구나!"

태조는 탄식하며 한양으로 돌아가기로 결심했습니다.

박순은 함흥에서 며칠 동안 더 머물다가 한양으로 돌아갔습니다. 그러나 태조를 모시던 신하들은 박순도 뒤쫓아가서 죽여야 한다고 주장했습니다.

태조는 박순을 죽이고 싶지 않았습니다. 태조는 박순이 용흥강을 건널 시간까지는 신하들을 말리다가, 강을 충분히 건넜다고 생각될 때쯤 신하들에게 말했습니다.

"만일 박순이 용흥강을 건넜거든 쫓지 말고, 건너지 않았거든 목을 베어 가져오라."

하지만 박순은 돌아가던 중 병에 걸려 며칠 동안 앓다가 출발하는 바람에 용흥강을 건너지 못했습니다. 결국 박순은 죽음을 당했습니다. 박순의 안타까운 죽음을 들은 태조는 약속을 지키기 위해 한양에 왔지만, 다시 함흥으로 돌아갔습니다. 태종은 마지막으로 무학 대사를 불러 부탁했습니다.

"대사께서는 무슨 수를 써서라도 아버님을 꼭 모셔 오시오. 부탁드리오."

무학 대사가 찾아가자 태조는 아무런 의심 없이 맞았습니다. 무학 대사는 점을 쳐 주면서 태조와 여러 날을 함께 보냈습니다. 그러던 어느 날, 무학 대사가 말했습니다.

"왕의 자리가 불안하면 그 밑에 있는 신하와 백성들의 마음도 흔들립니다. 그리 되면 또한 나라가 위태롭게 될 것입니다.

이 점을 생각하시어 하늘이 맡기신 왕업을 영원토록 보전케 하소서."
 무학 대사의 말에 태조의 마음이 완전히 돌아섰습니다. 태조는 곧 함흥의 별궁을 떠나 한양으로 향했습니다. 태조가 돌아온다는 소식을 들은 태종은 마이천(지금의 행당동)으로 나가서 기다렸습니다. 그 때 하륜이 말했습니다.
 "전하, 태상왕 전하를 맞이하시는 곳에 굵은 기둥을 몇 개 세워 두십시오."
 하륜은 두 차례에 걸친 왕자의 난은 물론이요, 여러 차례 태종을 도운 사람이었습니다. 태종은 하륜의 말을 따랐습니다.
 드디어 태조가 탄 말이 보였습니다. 신하들은 모두 엎드려 태조를 맞았습니다. 그 때 태조는 느닷없이 활을 들고 태종을 향해 쏘았습니다. 태종은 화살이 날아오자 얼른 굵은 기둥 뒤로 몸을 숨겼습니다. 화살은 그대로 기둥에 꽂혔습니다.
 태조가 한숨을 쉬며 말했습니다.

"하늘의 뜻은 막을 수 없는 것이로구나."

태조는 그제서야 옥새를 태종에게 넘겨주었습니다.

🍀 양녕 대군을 폐하고 충녕 대군을 세자로 삼다

양녕 대군은 태종의 맏아들로서 세자가 되었습니다.

양녕 대군은 문장과 글씨에 재능이 많았습니다. 태종은 양녕 대군이 쓴 경회루의 현판을 보고 그 웅장하고 기운찬 글자의 모양에 놀라 수없이 칭찬했다고 합니다.

실록에는 양녕 대군이 세자에서 폐위된 이유가 양녕 대군의 나쁜 행실 때문이라고 나와 있습니다. 하지만 실제로는 충녕 대군(세종)을 왕위에 올리려고 형인 양녕 대군이 일부러 나쁜 행동을 일삼았다는 의견이 있습니다.

양녕 대군이 세자가 된 지 얼마 안 되었을 때였습니다. 어느 날 양녕 대군은 아버지, 어머니께 문안을 드리러 갔는데, 안에서 부모님의 말소리가 들렸습니다.

"참 아쉬운 일이오. 충녕과 양녕이 바뀌어 태어났더라면 좋았을 것을……. 충녕이 왕이 되면 나라를 잘 다스려 평화롭고 풍족하게 될 거요."

태종의 말에 어머니가 대답했습니다.

"누가 아니겠어요. 충녕이 형이었으면 좋았을 텐데……."

그 순간 양녕 대군의 머릿속을 번개처럼 스쳐 가는 생각이 있었습니다. 바로 태종과 방석, 방번, 그리고 방간 등 삼촌들 사이에 피를 부른 다툼이었습니다.

'아버님의 뜻이 그랬구나. 아우 충녕에게 세자의 자리를 조용히 물려줄 수 있으면 좋겠구나.'

양녕 대군은 문안을 드리는 것도 잊고 동궁(세자가 거처하는 궁궐. 세자를 지칭하기도 함)으로 발걸음을 옮겼습니다. 양녕 대군은 부모님과 동생을 사랑하는 마음이 더없이 컸습니다.

양녕 대군은 생각하고 또 생각했습니다.

"그래. 미친 척을 하는 거다."

양녕 대군은 태종의 뜻에 따라 자기보다 능력이 훨씬 뛰어

난 충녕 대군에게 왕위를 깨끗이 양보하기로 결심했습니다.

어느 날, 양녕 대군의 선생인 계성군이 글을 가르치기 위해 왔을 때였습니다. 계성군을 본 양녕 대군은 비스듬히 기대앉아서 개처럼 짖기 시작했습니다.

"멍, 멍멍!"

"아니, 동궁마마!"

계성군이 양녕 대군을 흔들었습니다. 하지만 양녕 대군은 개 짖는 소리를 그치지 않고 오히려 개처럼 계성군의 다리에 매달리기까지 했습니다.

"동궁마마! 이게 웬일입니까? 어서 정신을 차리십시오."

하지만 양녕 대군은 계속 미치광이처럼 행동했습니다.

그 날 이후로 양녕 대군은 계성군이 와도 배우려 하기는커녕 엉뚱한 말과 이상한 행동만 했습니다. 계성군은 태종에게 이 사실을 알렸습니다.

"오늘도 동궁마마께서 미친 사람 같은 행동을 하셨습니다. 어의(왕의 병을 진료하고 치료하던 의사)를 보내시어 진맥케 하십시오."

양녕 대군은 조정에 참여할 일이 있어도 머리가 아프다거나, 배탈이 났다고 하면서 동궁을 벗어나려 하지 않았습니다.

궁궐 안에서는 세자가 미쳤다고 수군거렸습니다. 조정에서는 세자를 폐하라는 말이 나왔습니다.

태종 18년(1418) 6월, 태종은 양녕 대군을 세자에서 폐하고 충녕 대군을 세자로 세웠습니다. 그리고 두 달 뒤인 8월, 태종은 세자에게 왕위를 물려주고 자신은 상왕이 되었습니다.

억울하면 신문고를 쳐라

태종 1년(1401) 7월에 태종은 중국의 제도를 본떠 억울한 일을 당한 백성이 왕에게 직접 호소할 수 있도록 신문고를 설치했습니다.

어느 날 태종이 하륜에게 물었습니다.

"신문고는 어떠한가?"

"신문고를 설치하여 좋기는 한데, 원한도 없는 자가 쓸데없이 신문고를 치는 경우가 이따금 있습니다."

"그렇다면 어찌하면 좋겠는가?"

"신문고를 친 사람의 말이 사실이면 들어주고, 거짓이면 벌을 주는 것입니다. 백성이 고을 수령에게 억울함을 호소했는데 만일 수령이 제대로 해결하지 못하면 그 후에 신문고를 치게 하면 됩니다. 그렇게 하면 관리들은 백성의 송사(백성들 사이에 분쟁이 생겨 이를 관청에 호소하여 판결을 받는 일)를 잘못 해결하면 그 백성이 신문고를 칠 테니 이를 염려하여 송사를 올바르게 볼 것입니다. 그렇게 되면 백성이 그 혜택을 받으니 실로 자손만대에 이롭고 좋은 법이라 할 수 있습니다."

그러자 신문고로 인해 귀양을 가는 사람이 나왔습니다. 그 사람은 조호라는 높은 관리였습니다.

조호는 본래 성질이 음흉한데 지나치게 왕의 은혜를 입어 지위가 높아졌습니다. 그런데도 조호는 욕심을 부려 안속이라는 사람의 노비를 빼앗았습니다. 그러자 안속은 신문고를 치고 이 사실을 알렸습니다.

사헌부에서는 안속의 말이 옳다고 여겨 조호에게 노비를 돌려주라고 결정했습니다. 그런데 조호는 자신의 지위만 믿고 사헌부의 판결이 잘못되었다면서 따르지 않았습니다.

이 사건에 대해 사간원(왕의 잘못이나 나쁜 행동을 비판하는 일을 하는 기관)에서 왕에게 상소를 올려 조호는 결국 평주로 귀양을 가게 되었습니다.

하지만 신문고는 점차 한양의 관리들만이 이용할 수 있게 되었습니다. 그리고 연산군 때부터 오랫동안 폐지되었다가 영조 때 다시 설치되었습니다.

제4대
조선을 크게 발전시킨 세종

세종은 공부하기를 즐기고 신분을 가리지 않고 인재를 썼습니다. 훌륭한 인격과 능력을 갖춘 세종은 훈민정음을 창제하는 등 조선의 학문과 과학 기술 같은 여러 분야에 걸쳐 커다란 발전을 가져왔습니다.
● 재위 기간(1418~1450)

✤ 집현전을 세워 열심히 공부하게 하다

형인 양녕 대군 대신 세자가 되어 왕위에 오른 세종은 어려서부터 총명하고 어질었습니다. 또 책 읽기를 좋아하여 늘 손에서 책이 떠나지 않았습니다.

세종은 왕위에 오른 뒤 가장 먼저 학자들이 모여서 연구하고 토론할 수 있는 집현전의 규모를 크게 키웠습니다.

집현전은 고려 시대부터 조선 시대에 걸쳐 설치되었던 왕실 연구 기관의 하나입니다. 원래는 연영전이라고 부르던 것을 고려 인종 14년(1136)에 집현전으로 이름을 고쳤습니다. 학자들은 집현전에서 책을 만들기도 하고, 책을 모으기도 했습니다. 그러나 고려 시대와 조선의 건국 초까지는 별다른 활동이 없다가 세종 때 와서 크게 쓰이게 된 것입니다.

조선 시대의 유명한 학자들인 성삼문, 박팽년, 하위지, 이개, 유성원 등은 모두 집현전에 학사로 있었습니다. 세종은 집현전 학사들에게 독서와 연구를 열심히 하여 학문을 쌓게 했습니다. 그래서 집현전 학사들은 당시 선비들이 잘 읽지 않던 《사기》, 《한서》, 《송감》 등 중국의 주요 역사 서적을 읽고 산법(숫자를 계산하는 방법)을 익히기도 했습니다.

세종은 집현전의 학사들이 열심히 공부할 수 있도록 많은 배려를 했습니다. 사가독서제도 그 중에 하나였습니다.

사가독서제란 맡고 있는 일 때문에 독서에 전념할 수 없는 학사들에게 짧게는 3개월에서 길게는 6개월 동안 집에서 글을 읽도록 하는 일종의 휴가였습니다.

사가독서제는 세종 8년(1426) 12월에 처음 실시된 뒤 꾸준히 계속되어 학문 연구에 큰 공헌을 했습니다. 조선 중기의 큰 학자인 퇴계 이황, 율곡 이이, 송강 정철, 서애 유성룡 등은 사가독서를 한 대표적인 인물들입니다.

집현전의 가장 두드러진 활약은 한글을 창제한 것입니다. 그 밖에도 집현전에서는 《고려사》, 《농사직설》, 《국조오례의》, 《팔도지리지》, 《삼강행실도》, 《용비어천가》 등 많은 서적을 편찬, 간행해 조선 시대의 문화를 꽃피웠습니다.

세종이 죽고 문종과 단종이 즉위했을 때에도 집현전 학사들은 여전히 연구에 몰두했습니다.

　세조가 왕위에 오른 뒤, 단종의 복위 운동을 한 사육신을 비롯하여 세조에 반대하는 인물들이 집현전에서 많이 나왔습니다. 그러자 세조는 1456년, 집현전에 보관되어 있던 책을 예문관으로 옮기고 집현전을 폐지했습니다.

　그 뒤로 문신들은 벼슬에만 욕심을 내고 공부를 게을리하게

되었습니다. 그러자 세조는 1459년에 3품 이하의 문신 중에 젊고 총명한 사람들을 뽑아 예문관의 관직을 함께 주어서 학문을 연구하게 했습니다. 그러나 그다지 성과를 거두지는 못했습니다.

이후 성종이 즉위하여 집현전을 본뜬 홍문관을 세우고 학사들을 극진히 대우했으나 세종 때의 집현전에는 따르지 못했습니다.

장영실을 등용하여 과학을 발전시키다

세종은 과학 기술을 발전시키는 데 많은 노력을 기울인 왕이었습니다. 세종은 전국에서 손재주가 뛰어나고 남다른 능력이 있는 사람을 뽑아 나라와 백성을 위해 일하게 했습니다.

세종 5년(1423), 어느 날 한 대신이 세종에게 말했습니다.

"경상도에 머리가 좋고 손재주가 빼어난 사람이 있다고 합니다. 그자는 무엇이든 주문하는 대로 만들어 주며, 고장난 무기도 금방 고친다고 합니다. 그리고 직접 생각해 낸 기계를 만든다고 합니다."

"그래! 어떤 사람인고?"

"이름은 장영실이라 하며, 기생의 아들로 관노(국가 기관에 속한 남자 종)입니다."

세종은 깊이 생각했습니다. 관노를 관리로 쓴다면 신하들이 반대할 것이기 때문입니다. 하지만 세종은 신하들의 반대를 무릅쓰고 자신의 뜻을 실행에 옮겼습니다.

"장영실이라는 자의 능력이 그렇게 뛰어나다면 마땅히 나라를 위해 일을 하게 해야 한다. 신분이 낮다 하여 능력이 뛰어난 자를 관리로 뽑지 않는다면 나라의 손해요, 백성들의 손해이다. 그러니 장영실에게 상의원 별좌의 벼슬을 내리고 관노에서 해방시켜 나라를 위해 일하게 하라."

장영실은 상의원 별좌라는 벼슬을 받고 중추원사 이천을 도와 연구에 몰두하며 간의대 등을 제작, 감독했습니다. 세종 16년(1434)에는 금속 활자인 갑인자를 제작하는 것을 감독하고,

김빈과 함께 우리나라 최초의 물시계인 보루각의 자격루를 만들었습니다.

세종 19년(1437)에는 만들기 시작한 지 5년 만에 천체 관측 기구인 간의를 완성했으며 휴대용 해시계인 현주일구와 천평일구, 정밀한 해시계인 정남일구, 공중 시계인 앙부일구, 주야 겸용 시계인 일성정시의, 태양의 고도와 출몰을 측정하는 규표를 완성했습니다.

이듬해에는 자격루의 일종인 흠경각의 옥루를 제작하고, 경상도 채방 별감이 되어 구리와 철의 채광(광석을 캐내는 일)과 제련(광석이나 원료를 녹여서 그 속에 들어 있는 금속 성분을 뽑아내어 순수한 금속으로 만드는 것)을 감독했습니다.

세종 23년(1441)에는 세계 최초로 비의 양을 측정하는 기구인 측우기와 강물의 높이를 관측할 수 있는 수표를 발명하여 하천의 범람을 미리 알 수 있게 했고 그 공으로 상호군이란 벼슬에 올랐습니다. 하지만 안타깝게도 이듬해에 장영실이 감독하여 제작한 왕의 가마가 부서지고 말았습니다. 그러자 온 조정이 장영실에게 벌을 내려야 한다는 의견으로 들끓었습니다.

　장영실은 결국 의금부(조선 시대에 왕의 명령으로 큰 죄인을 심문하던 관청)에 갇혔다가 곤장을 맞은 뒤 벼슬자리에서 쫓겨나고 말았습니다. 장영실의 뛰어난 재주는 나라를 위해 더 이상 쓰이지 못하게 되었습니다.

훈민정음을 만들다

　세종은 열성과 신념을 가지고 훈민정음을 창제했습니다. 세종이 훈민정음을 창제한 목적은 다음과 같습니다.

　첫째는 우리말을 적기에 알맞은 문자를 만드는 것입니다. 더 이상 한문에 의지하지 않고 우리 민족만의 자주성을 찾으려는 것입니다.

　둘째는 평등한 글자를 만드는 것입니다. 한문은 깨치기가 어려워서 일반 백성들은 배울 엄두도 내지 못했습니다. 그러므로 모두가 쉽게 배울 수 있는 글자, 즉 민본주의(백성을 잘

살게 하는 것을 목적으로 하는 정치 사상)를 바탕으로 하는 글자를 만드는 것입니다.

셋째는 편리한 글자를 만드는 것입니다. 일상생활 속에서 쉽게 배우고 편리하게 사용할 수 있어 백성들에게 문화생활을 보급할 수 있는 글자를 만드는 것입니다.

세종은 눈병에 걸려 고생을 하면서도 연구를 그치지 않았습니다. 또 피부병을 고치기 위해 청주에 있는 초정 약수터에 갈 때에도 훈민정음의 연구 자료를 가지고 갈 정도였습니다.

세종은 중국에서 사신이 올 때마다 의문 나는 점을 물어 보기도 하고, 요동에 귀양 와 있는 명나라 한림 학사 황찬에세 열세 번이나 성삼문 등을 보내서 음운(소리의 단위)에 관하여 물어 보게 했습니다.

세종 25년(1443) 12월, 드디어 훈민정음 28자가 완성되었습니다.

하지만 최만리 등의 관리들은 훈민정음 창제게 반대해 여섯 가지 조항이 담긴 상소문을 올렸습니다.

우리 글을 만들어 씀은 중국의 뜻에 어긋나는 일이며, 스스로 오랑캐가 되는 짓입니다. 그처럼 쉬운 언문(한글을 낮춰서 부르던 말)을 배워 출세한다면 애써서 한문을 배울 사람이 없게 될 것이니 걱정입니다. 또한 동궁이 학문을 배우는 것에도 방해가 되니 백성들에게 물어 보고 실행함이 좋겠습니다……

세종은 이에 굴하지 않았습니다.

훈민정음을 발표하기 전에 더 갈고 다듬어 완벽한 글자로 만들기 위해서 창제 후 3년간 더 연구를 했습니다.

이 기간 동안 《용비어천가》를 지어 훈민정음의 실용성을 시험해 보는 한편, 궁중에 언문청을 두고 정인지, 최항, 박팽년, 신숙주, 성삼문, 강희안, 이개, 이선로 등의 집현전 학사들에게 훈민정음의 본문을 풀이한 해례서(보기를 만들어 쉽게 설명한 책)를 편찬하게 했습니다.

이 때 편찬된 해례서를 《훈민정음해례》라 하고, 이것과 훈민정음 본문(예의)을 합해서 《훈민정음》이라는 이름을 붙였습니

다. 세종 28년(1446) 9월에 마침내 훈민정음을 반포했습니다.

나랏말이 중국과 달라 한자와 서로 통하지 아니하므로 어리석은 백성들이 말하고 싶은 것이 있어도 마침내 제 뜻을 잘 표현하지 못하는 사람이 많다. 내 이를 딱하게 여기어 새로

제4대 조선을 크게 발전시킨 **세종**

28자를 만들었으니 사람들로 하여금 쉽게 익히어 날마다 쓰는 데 편하게 하려 한다.

훈민정음이란 '백성을 가르치는 바른 소리'라는 뜻입니다. 줄여서 정음이라고도 불렸습니다.

훈민정음을 반포한 뒤 세종은 신숙주를 비롯한 집현전 학사들에게 한글로 쓰인 훈민정음 지침서를 만들도록 지시했습니다. 그래서 완성된 책이 바로 《동국정운》입니다. 《동국정운》에는 훈민정음의 창제 원리와 음운의 체계를 자세히 실어 백성들이 글자의 원리를 쉽게 이해하도록 했습니다.

또한 세종은 《석보상절》, 《월인천강지곡》 등을 편찬하게 했습니다. 《석보상절》은 석가모니의 전기를 엮은 책으로 소헌 왕후의 명복을 빌기 위해 소헌 왕후의 아들인 수양 대군(세조)에게 쓰도록 했습니다. 《월인천강지곡》은 세종이 석가모니의 덕을 찬송하기 위해 지은 노래로 상, 중, 하 3권으로 이루어져 있고, 500여 수의 노래가 실려 있습니다.

훌륭한 인격과 능력을 갖추다

세종은 학문을 중요하게 생각하여 집현전을 확대했습니다. 학자들에게만 학문 연구를 하게 한 것이 아니라 세종 자신도 밤을 새워 가며 공부를 했습니다. 그 결과 세종 때에는 많은 서적이 편찬되었습니다.

세종은 과학에도 관심이 깊어 해시계, 물시계, 측우기 등 여러 기구도 만들게 했습니다.

그리고 중국의 음악이던 아악을 우리나라 정서에 맞게 정리하게 했습니다. 아악은 궁중에서 제사를 지내거나 특별한 의식을 진행할 때 연주하던 음악입니다. 또 음악 도감이라는 관청을 두어 새로운 악기를 만드는 데 힘을 썼습니다.

세종은 효심이 깊고 형제간에 우애가 좋았습니다. 형인 양녕 대군이나 효령 대군도 깍듯이 보살폈고, 아버지와 어머니가 돌아가셨을 때 슬퍼하던 모습은 보는 사람의 마음을 감동시켰습니다.

세종은 늘 백성을 먼저 생각할 줄 아는 왕이었습니다. 세종은 백성들의 곤란하고 어려운 생활에 깊은 관심과 동정심을 가졌습니다. 세종이 이처럼 백성을 사랑하는 마음으로 나라를 다스렸기 때문에 나라 안은 평화로웠고 해마다 풍년이 들어 백성들은 태평성대를 누렸습니다.

세종은 신하를 대하면서도 예를 잃지 않았습니다. 또한 세종은 인재를 중히 여겨 늘 대신들에게 말했습니다.

"나라가 발전하려면 인재를 고루 써야 한다."

세종은 인재를 뽑기 위해 과거를 열 때면 과거장을 직접 돌아보며 관심을 보였습니다. 그리고 유능한 인재를 뽑으면 꼭 직접 불러 축하해 주고 나라의 앞날을 부탁하곤 했습니다.

세종은 의지가 강하여 자기가 옳다고 생각하는 일은 어떠한 반대가 있더라도 기어코 실행했습니다. 훈민정음도 신하들의 반대를 무릅쓰고 제정, 반포한 것입니다. 우리가 한글이라는 우리 문자를 가지게 된 것도 세종의 덕택입니다.

밖으로는 대마도의 왜구를 정벌하여 바닷가에 사는 백성들의 걱정을 덜어주었습니다. 대마도는 조선과 일본 사이에 있는 섬으로 현재 일본의 쓰시마 섬을 말합니다. 대마도는 고려와 조선 시대에 해적인 왜구의 활동 근거지였습니다.

또한 북쪽의 여진족을 정벌하여 국토를 확장했습니다. 김종서에게 두만강 유역에 6진을 개척하게 하고, 이천에게 압록강 유역에 4군을 개척하게 한 것입니다.

세종이 이처럼 빛나는 문화 유산과 업적을 남길 수 있었던 것은 주변에 뛰어난 학자와 신하들이 있었던 덕도 있지만, 무엇보다도 세종이 훌륭한 인격과 능력을 갖추고 있었기 때문입니다.

세종은 학문에 대한 깊은 탐구력, 역사와 문화에 대한 이해와 판단력, 자신의 의지를 끝까지 밀고 나가는 추진력, 나아가 백성과 신하를 생각하는 인간적인 모습에 이르기까지 모든 면에서 뛰어난 지도자였습니다.

오직 나라를 위해 국정을 열심히 돌보던 세종은 왕위에 오른 지 32년 만에 54세의 나이로 세상을 떠났습니다.

세종은 왕권의 기초를 더욱 튼튼히 하고 우리 민족 문화를 갈고 닦는 데 큰 공을 세웠습니다. 태종이 조선을 정치적, 경제적으로 발전시켰다면 세종은 문화적인 면에서 조선을 크게 발전시켰습니다.

황희 같은 청렴하고 유능한 신하를 두다

세종에게는 훌륭한 신하들이 많이 있었습니다. 그 중 재상을 지낸 황희를 빼놓을 수 없습니다.

황희는 조선 시대 500년을 통틀어 가장 훌륭한 재상으로 평가를 받습니다. 황희는 영의정을 30년 동안이나 지냈습니다. 그 30년 동안 태종, 세종, 문종 세 왕을 섬기면서 나라를 위해 일했습니다.

황희는 성품이 따뜻하고 부드러워 누구에게나 너그럽게 대했습니다. 또한 청렴결백(마음이 착하고 깨끗하며 재물에 욕심이 없음)하여 한 나라의 재상으로 몇십 년을 지내면서도 끼니가 떨어져 죽을 먹는 날도 있었습니다.

황희가 젊었을 때의 일이었습니다. 무더운 어느 여름날, 황희가 들길을 가다가 잠시 더위를 식히려고 나무 밑에 앉았습니다. 그 때 저만치 밭에서 한 농부가 검은 소 한 마리와 누런 소 한 마리로 밭을 갈고 있었습니다.

황희는 농부에게 물었습니다.

"더운 날 밭을 가느라 고생이 많소. 그 두 마리의 소 중에 어느 소가 일을 더 잘 하오?"

그러자 농부는 말을 조심하라는 듯이 한 손으로 입을 가리키며 소를 돌아다보았습니다. 그리고 나서 쟁기를 세우고 밭에서 나와 황희에게 귓속말을 하는 것이었습니다.

"누런 소가 말도 잘 알아듣고 일도 더 잘 합니다."

황희는 농부의 이런 행동을 이상하게 여기며 물었습니다.

"거기서 소리치면 되지, 그 말을 하려고 여기까지 왔단 말이오?"

농부는 얼굴빛을 고치면서 대답했습니다.

"그게 무슨 말씀입니까? 아무리 하찮은 짐승이라도 제 흉을

보는데 좋아할 리가 있습니까?"

"그럼 소들이 말을 알아듣는단 말이오?"

"알아듣고말고요. 제가 '이랴!' 하며 가자고 하면 가고, '워 이워이!' 하면서 서라고 하면 서지 않습니까?"

황희는 농부에게 아무 대꾸도 할 수 없었습니다. 생각이 짧았던 자신이 한없이 부끄러울 뿐이었습니다.

이 일로 황희는 언제나 누구에게나 말조심을 해야 한다는 것을 배웠습니다. 황희는 농부 앞에 머리를 숙이고 자신이 경솔했음을 거듭 사과한 다음 길을 떠났습니다.

제4대 조선을 크게 발전시킨 **세종**

그 뒤로 황희는 평생 동안 한 마디의 말이나 하나의 행동에도 깊이 생각하고 조심했습니다.

세월이 흘러 황희는 정승이 되었습니다. 황희의 맏아들도 참의(육조에 소속되었던 세 번째로 높은 관직)가 되었습니다.

그러자 황희 정승의 맏아들은 새로 큰 집으로 옮긴 뒤 집들이를 했습니다. 그 자리에는 높은 벼슬을 하는 사람들이 많이 모였습니다. 잔치를 막 시작하려고 할 때, 느닷없이 황희 정승이 자리를 털며 일어나는 것이었습니다.

"청렴해야 할 선비가 집을 이렇게 호화롭게 꾸미다니! 이러고도 뇌물을 받지 않았다고 할 수 있겠느냐? 나는 이런 좋은 집에는 잠시라도 앉아 있기가 불편하니 돌아가야겠다."

황희는 음식도 먹지 않고 자리에서 일어서 버렸습니다. 그 모습에 황희의 맏아들과 다른 벼슬아치들은 자신들의 태도를 깊이 반성했습니다.

황희는 사람을 제대로 볼 줄 아는 능력이 있었습니다.

김종서가 6진을 개척하고 돌아와서 호조(가구와 인구 수, 재물과 양식, 재화에 관한 나라의 일을 맡아보는 기관) 판서가 되었을 때였습니다. 어느 날 맹사성, 황희 등 나이 든 재상들이 일을 하다가 그만 점심 식사 때를 넘기고 말았습니다.

김종서는 예빈시(손님 접대와 음식을 맡아보던 관아)에 명령을 내려 재상들의 점심을 준비하도록 했습니다. 그러자 황희는 밥을 먹지도 않고 단단히 화가 난 얼굴로 김종서를 불렀습니다.

김종서를 보자 황희가 꾸짖듯이 말했습니다.

"이 음식이 다 무엇이오?"

김종서가 대답했습니다.

"대감들께서 점심도 거르고 일하시기에 소생(남자가 웃어른에게 자신을 낮추어 부르는 말)이 준비했습니다."

황희가 엄하게 말했습니다.

"예빈시는 나라에 큰일이 있을 때 음식을 마련하는 곳이지, 정승들의 식사를 만드는 곳이 아닙니다. 대감은 공과 사를 구분하지 못하는구려. 전하께 아뢰어 벌을 주라고 할 것이오."

 이 모습을 지켜보던 맹사성이 김종서의 편을 들었습니다.

 "영상(조선 시대 최고의 벼슬인 영의정을 부르던 다른 이름) 대감, 호판(호조 판서) 대감의 잘못도 있습니다만, 우리들도 음식을 먹었으니 우리도 벌하여 주시지요."

 황희는 다른 대감들을 둘러보며 말했습니다.

"이런 하찮은 일도 결코 덮어두어서는 안 됩니다."

김종서가 물러가고 맹사성이 황희에게 물었습니다.

"호판은 이번에 6진을 개척하여 큰 공을 세웠습니다. 그런데 대감께서는 이런 작은 잘못에도 꾸중을 하시니, 혹시 호판에게 나쁜 감정이라도 있으십니까?"

그러자 황희가 얼굴빛을 고치며 말했습니다.

"무슨 말을 그리 하오? 김종서는 우리의 뒤를 이어 나라를 이끌 사람이오. 그런 김종서가 나쁘게 되도록 놓아두어야겠소? 다 나라를 위해 이러는 거요."

맹사성은 나라를 사랑하는 황희의 마음에 감격했습니다. 맹사성은 곧 자신의 생각이 짧았음을 사과했습니다.

황희가 세종에게 김종서의 죄를 고하자, 세종은 웃으면서 말했습니다.

"옳은 말이오. 경과 같은 명재상이 있으니 마음이 든든하오. 호판은 벌을 받아 마땅하나 특별히 이번 일은 용서하겠소."

얼마 뒤 김종서는 맹사성에게 황희의 속마음을 전해 듣고는 엄숙한 마음으로 황희를 찾아가 자신의 잘못을 빌었습니다.

황희는 김종서에게 이렇게 말했습니다.

"대감은 우리가 물러난 뒤 나랏일을 맡을 중요한 사람이오. 부디 용기를 내세운 야심을 숨기시오. 대감의 강한 패기는 장수에게는 유용하게 쓰이지만 정치에는 해가 될 수 있소. 모든 일에 침착하고 조심스러워야 하오. 그러면 큰일을 할 수 있을 것이오."

김종서는 자신을 높게 평가해 준 황희에게 감격했습니다.

"영상 대감의 말씀을 깊이 새겨 두겠습니다."

그 뒤로도 황희는 꼿꼿하고 청렴하게 나랏일을 보다가 문종 1년(1451)에 93세로 세상을 떠났습니다.

제5대
몸이 약해 일찍 세상을 떠난 문종

문종은 일찍부터 세자가 되어 세종을 도왔지만 몸이 약한 것이 늘 걱정이었습니다. 결국 문종은 왕위에 오른 지 2년 만에 세상을 떠나고 말았습니다.
● 재위 기간(1450~1452)

🌀 문종화차를 개발하다

문종은 조선의 제5대 왕으로 세종의 맏아들입니다.

문종은 세종 3년(1421)에 여덟 살의 나이로 세자가 되었습니다. 학문에 밝고 성품이 너그러웠으며, 세자로 있으면서 20년간 언로(신하로서 왕에게 말을 올릴 수 있는 길)를 열어 백성들의 뜻을 파악하는 등 세종의 일을 훌륭하게 도왔습니다. 또 문관과 무관을 고르게 등용했습니다.

문종은 왕위에 오른 지 1년(1451)이 되었을 때 임영 대군 이구에게 화차를 만들도록 했습니다. 문종이 개발한 이 화차는 화차 위에 신기전(화약을 장치하거나 불을 달아 쏘던 화살) 100개를 꽂아 심지에 불을 붙이면 신기전이 차례로 발사되었습니다. 꼬리에 불이 붙어 멀리 날아가는 현대의 로켓과 원리가 같습니다.

화약은 고려 시대에 최무선이 처음 만들었습니다. 화약을 밀폐된 용기에 넣고 불을 붙이면 압력이 상승하여 용기가 폭발합니다. 이 원리를 이용한 것이 폭탄입니다. 대포처럼 한 쪽이 열려 있으면 포탄이나 총탄을 발사할 수 있는 장치가 됩니다.

하지만 조선 시대의 로켓인 신기전의 원리는 화약을 담은 용기의 한 쪽에 작은 구멍을 뚫고 불을 붙이면 그 구멍으로 가스가 뿜어져 나오면서, 그 힘에 의해 용기가 앞으로 튀어 나갑니다. 용기 자체를 앞으로 튀어 나가게 하는 역추진 힘의 원리, 바로 그것이 로켓의 원리와 같은 것입니다.

문종이 설계한 이 화차를 '문종화차'라고 하는데, 조선이 독창적인 무기이며 세계 역사상 드물게 왕이 직접 발명하고 대

량으로 제작하여 사용한 훌륭한 무기입니다.

문종의 이러한 노력에도 불구하고 전쟁이 없는 평화로운 시대가 계속되면서 화차는 더 이상 발전하지 못했습니다. 그래서 임진왜란이 일어나기 직전에 남아 있는 화차 수는 겨우 20대 정도였습니다. 문종이 좀 더 오래 왕위에 있었더라면 우리나라의 무기는 훨씬 발전했을지도 모릅니다. 또한 임진왜란이 일어났을 때 그렇게 비참하게 당하지도 않았을 것입니다.

실제로 행주대첩을 승리로 이끌었던 권율 장군은 '행주산성 전투에서 내가 승리한 것은 화차를 가지고 있어 이긴 것이니라.'라고 했습니다.

여러 가지 재능을 지니다

문종이 왕위에 오르던 해(1450)에 《동국병감》이 완성되었고,

이듬해에 정척 등이 양계의 지도를 만들었습니다. 조선 시대에는 여진족과 가까이 있는 평안도를 북계라 하고 함경도를 동계라 했습니다. 북계와 동계를 합하여 양계라 했는데, 국방상 매우 중요한 지역으로 설정하고 특별한 정책을 실시했습니다.

문종은 삼군에 속한 12사를 5사로 줄인 반면, 병력을 늘리고 각 군사들을 5사에 배분하여 군사 제도를 재정비했습니다.

김종서 등이 지은 역사책 《고려사》 139권도 이 때 간행되었습니다. 또한 문종 2년(1452)에는 《고려사절요》 35권이 완성되었습니다.

문종은 군대에서 진을 치는 방법을 정리한 책인 《진법》 9편을 직접 지어 국방을 강화하는 등 치적(나라를 다스리며 쌓은 훌륭한 업적)이 많았습니다. 유학을 비롯하여 천문, 역법, 산술에 정통했고 초서, 예서(한문 글씨체의 종류) 등 글씨도 잘 썼습니다.

이렇게 여러 가지 재능을 지닌 문종은 아쉽게도 몸이 약했

습니다. 세종도 몸이 약한 문종이 걱정되어 항상 마음을 놓지 못했습니다. 그래서 세종은 평소에 자신이 아끼던 집현전 학사들에게 문종을 잘 돌보아 주도록 자주 부탁을 했습니다.

문종이 왕위에 오른 지 얼마 지나지 않아 많은 사람들이 걱정하던 일이 일어났습니다. 몸이 약했던 문종이 왕위에 오른 지 2년 3개월 만에 병으로 세상을 떠나고 만 것입니다.

문종의 뒤를 이어 어린 단종이 왕위에 오른 뒤부터 조선 왕조에는 다시 한 번 권력 다툼의 회오리바람이 불어 오기 시작했습니다.

역사 옹달샘

《어린이 조선왕조실록》1권을 잘 읽었나요?
역사옹달샘에서는 '조선의 건국'과 관련된
여러 가지 이야기를 살펴보기로 해요.

- '조선'이라는 나라 이름의 의미
- 한양을 수도로 정한 이유
- 정치의 중심지, 궁궐
- 조선의 중앙 행정 기구
- 조선 왕조 계보

'조선'이라는 나라 이름의 의미

　이성계가 처음 왕의 자리에 오를 때는 교지를 내려 '국호를 그대로 고려라 하고 고려의 것을 그대로 계승할 것이며, 고려 왕족들을 우대한다.'고 밝혔습니다.
　하지만 이성계는 다른 한편으로 새로운 왕조를 세울 준비를 하고 있었습니다. 그로부터 한 달 뒤, 이성계는 명나라에 사신을 보내 새로운 왕조의 탄생과 새 왕의 즉위를 알렸습니다.
　그 뒤 조정에서는 며칠 동안 새 나라의 이름을 무엇으로 할 것인가에 대해 의논했습니다. 그 결과 '조선'과 '화령'이 후보에 올랐습니다. '조선'은 예로부터 나라 이름으로 사용한 적이 있었고, '화령'은 태조 이성계가 태어난 곳이었습니다. 조정에서는 '조선'으로 나라 이름을 결정했습니다.

우리 민족이 처음 세운 나라의 이름이 '조선'입니다. 《고려사》의 기록을 보면 '(단군이 세운 나라) 조선은 중국의 요나라와 같은 시기에 건국되어 3000년이라는 오랜 역사를 가지고 있다.'고 되어 있습니다. 또 《태종실록》에는 변계량이 우리 동방은 단군이 시조로서 하늘에서 내려와 조선을 세웠으므로 중국의 천자가 봉한 것이 아니라는 내용의 상소를 올렸다고 기록되어 있습니다.

이렇듯 조선 초기에 나타나는 여러 기록들은 나라 이름을 왜 '조선'으로 정했는지 알려 줍니다. 오래 전에 단군이 세운 조선의 유구한 역사를 이어받고자 했던 것입니다. 그러므로 '조선'이라는 국호에는 단군 조선의 영광과 기자 조선의 영광을 부활시켜 계승하자는 정신이 들어 있는 것입니다.

또 전 왕조의 국호인 고려가 고구려 영토에 대한 야심과 영광을 잇는다는 큰 뜻을 담고 있음에도 신라나 백제 유민들에게 큰 호응을 얻지 못했던 것을 거울삼아 국호를 '조선'으로 정하여 삼국의 유민들에게 호응을 얻고자 했던 의도도 담겨 있었습니다. 즉, '조선'이라는 나라 이름은 흩어진 백성의 마음을 한데 모으려는 의미이기도 했던 것입니다.

한양을 수도로 정한 이유

조선이 건국되자 태조 이성계는 새 도읍지를 정해 고려의 수도인 개경을 떠나고 싶었습니다. 신하들은 나라의 도읍을 정하는 일은 신중해야 한다며 이곳저곳을 알아보았습니다. 그 결과 '한양', '계룡산', '무악'이 새 도읍지 후보로 올랐습니다. 신하들은 이 세 곳 중에서 새 도읍을 어디로 정할지 팽팽한 신경전과 열띤 논쟁을 계속했습니다. 신하들의 의견은 다음과 같았습니다.

계룡산파: 계룡산이라는 이름은 산 전체의 능선 모양이 마치 닭의 볏을 쓴 용의 형상과 닮았다고 하여 붙인 이름입니다. 계룡산은 당나라까지 알려진 명산입니다. 풍수지리상으로는 한국의 4대 명산으로 꼽힙니다. 계룡산에 나라를 세워야 번창할 것입니다.

무악파: 무악은 인왕산의 서쪽에 있습니다. 무악 남쪽이 명당이므로 여기에 도읍을 정해야 합니다. 태조께서도 몸소 무학 대사와 이 곳을 답사하셨습니다.

한양파: 한양을 새 도읍지로 정해야 합니다. 한양은 산과 하천이 아름다워 옛날부터 널리 칭송되어 왔으며 동서의 도로가 비슷하여 수레가 잘 다닐 수도 있습니다. 또한 한강이 흘러 배가 다닐 수 있습니다. 이 곳에 도읍을 정하여 후세에 전하는 것은 정말 하늘의 뜻일 것입니다.

이렇게 조선의 도읍을 결정하는 데 여러 가지 의견이 나왔습니다. 최종적으로 한양이 도읍이 되었습니다. 그 이유는 한반도의 중심에 자리 잡고 있고 육로 교통뿐 아니라 한강을 통한 수로 교통까지 편리한 점 때문이었습니다. 태조 3년(1394)에 이름을 한양부에서 한성부로 고치고 이후 조선의 중심지가 되었습니다.

■ 한양도성도

정치의 중심지, 궁궐

조선 시대의 궁궐은 나라의 최고 지도자가 머물던 곳이면서 나라를 이끄는 조정이 자리한 공간입니다. 그렇기 때문에 조선 최고의 건축술을 이용하여 만들었습니다. 궁궐은 아름답고 품격을 갖춘 하나의 도시라고 할 만큼 많은 건물들이 그 안에 모여 있습니다. 조선 시대에는 궁궐 안의 건물들을 모두 화려하게 장식하고, 높고 크게 지어서 일반 주택과 차별을 두었습니다.

■ **동궐도**
동궐은 창덕궁과 창경궁이다. 동궐의 창덕궁은 국정을 위한 건물이 많고, 창경궁은 생활을 위한 건물이 많다. 바위, 우물, 정원과 바윗돌까지 정밀하게 그려져 있고, 전각의 현판에는 붉은 글씨로 건물과 대문의 명칭을 써 놓아 궁궐의 모습을 잘 알 수 있다.

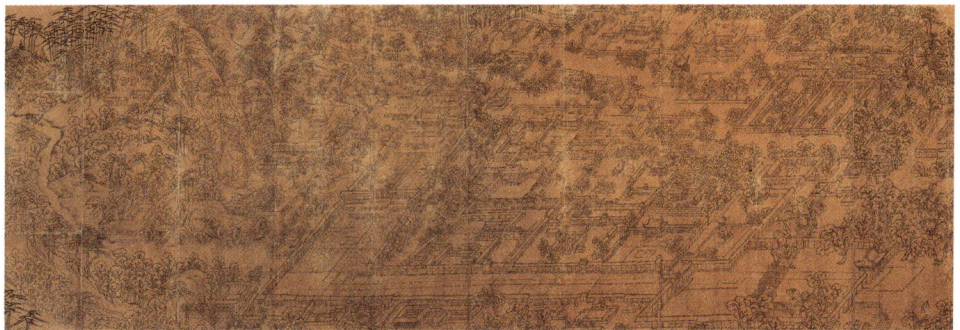

■ **서궐도**
서궐은 경희궁이다. 조선의 많은 왕들이 이 경희궁에 머물렀다. 규모가 크고 짜임새가 뛰어나다.

■ 광화문 수문장 교대 의식(재연)

　조선 시대에는 왕이 사는 궁궐을 구경하기가 몹시 힘들었습니다. 궁궐은 높은 담장으로 둘러싸여 있고 무서운 수문장들이 대문을 지키고 있었습니다. 궁궐에 몰래 들어갔다가는 큰 벌을 받아야했지요.
　조선 시대에 궁궐을 구경하려면 어떻게 해야 했을까요?
　먼저 출입증을 받아야 합니다. 출입증은 '부신'이라고 하는데 병조에서 만들어 주는 신부, 한성부에서 만들어 주는 한부, 그리고 왕이나 왕비가 만들어 주는 문안패 등 여러 종류가 있었습니다. 출입증을 가진 사람은 수문장에게 출입증을 보이고 궁궐 안으로 들어갈 수 있었습니다. 신분이 높은 사람은 큰 문, 신분이 낮은 사람은 작은 문으로 들어갔습니다.

조선의 중앙 행정 기구

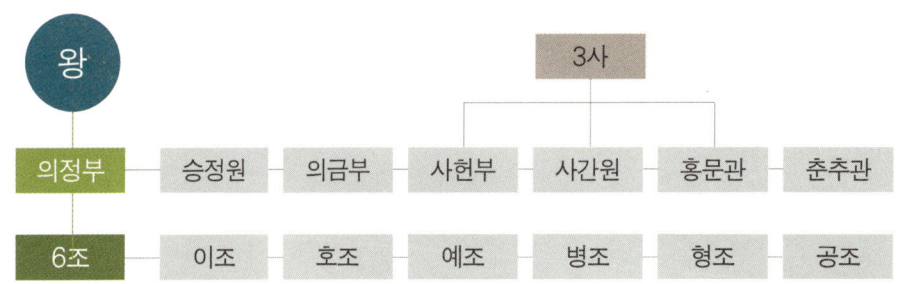

조선을 다스리던 최고의 정치 기구는 의정부였습니다. 의정부는 왕 바로 아래의 기관으로 모든 관리들을 통솔했습니다. 그 아래에는 6조가 있어 나라의 갖가지 행정을 살폈습니다.

각각의 6조가 하는 일을 살펴보면, 먼저 이조는 관리들의 인사를 담당했습니다. 호조는 나라의 경제에 관한 일을 담당했으며, 예조는 나라에서 실시하는 여러 의식과 학문을 담당했습니다. 병조는 군사 업무와 같은 국방을 책임졌으며, 공조는 오늘날의 건설 교통부와 비슷한 기관으로 토목과 건설에 관한 일을 했습니다. 형조는 형벌에 관한 일을 담당했습니다.

의정부와 6조 외에도 정치를 바르게 하기 위한 기관인 3사가 있었습니다. 정치를 하는 과정에서 옳지 못한 일이나 부정이 일어나면 왕에게 고치도록 말하는 사간원, 관리들을 감독하고 살피는 사헌부, 학문을 연구하며 정치에 학문적인 도움을 주는 홍문관이 3사에 해당합니다.

또한 왕의 명령을 전달받고 전달하는 기관인 승정원, 실록과 같은 역사 기록을 담당하는 춘추관, 왕의 명령을 받고 죄인을 다스리는 의금부 등이 있었습니다.

어린이 조선왕조실록 1

1판 1쇄 인쇄 | 2006. 12. 26.
1판 23쇄 발행 | 2025. 3. 11.
어린이 조선왕조실록 편찬위원회 글 | 전병준 그림 | 한국역사연구회 추천 및 감수

발행처 김영사 | 발행인 박강휘
사진제공 고려대학교박물관 호암미술관
등록번호 제 406-2003-036호 | 등록일자 1979. 5. 17.
주소 경기도 파주시 문발로 197(우10881)
전화 마케팅부 031-955-3100 | 편집부 031-955-3113~20 | 팩스 031-955-3111

ⓒ 2006 김영사
이 책의 저작권은 김영사에 있습니다.
서면에 의한 김영사의 허락 없이 내용의 일부를 인용하거나 발췌하는 것을 금합니다.

값은 표지에 있습니다.
ISBN 978-89-349-2282-7 74900

좋은 독자가 좋은 책을 만듭니다. 김영사는 독자 여러분의 의견에 항상 귀 기울이고 있습니다.
전자우편 book@gimmyoung.com | 홈페이지 www.gimmyoung.com

| 어린이제품 안전특별법에 의한 표시사항 | 제품명 도서 제조년월일 2025년 3월 11일
제조사명 김영사 주소 10881 경기도 파주시 문발로 197 전화번호 031-955-3100 제조국명 대한민국
사용 연령 11세 이상 ⚠주의 책 모서리에 찍히거나 책장에 베이지 않게 조심하세요.